OEUVRES

COMPLÈTES

D'ÉTIENNE JOUY.

TOME XXIII.

ON SOUSCRIT A PARIS:

Chez JULES DIDOT AÎNÉ, rue du Pont-de-Lodi, n° 6;
BOSSANGE père, rue de Richelieu, n° 60;
PILLET aîné, imprimeur-libraire, rue Christine, n° 5;
AIMÉ-ANDRÉ, quai des Augustins, n° 59;
Et chez l'AUTEUR, rue des Trois-Frères, n° 11.

ŒUVRES
COMPLÈTES
D'ÉTIENNE JOUY,

DE L'ACADÉMIE FRANÇAISE;

AVEC DES ÉCLAIRCISSEMENTS ET DES NOTES.

Cécile, ou les Passions.

TOME I.

PARIS
IMPRIMERIE DE JULES DIDOT AINÉ,
RUE DU PONT-DE-LODI, n° 6.

1823.

CÉCILE,

ou

LES PASSIONS.

PRÉFACE.

Jean-Jacques publia la *Nouvelle Héloïse*, parcequ'il connaissait son siècle, et que les mœurs de son temps l'engageaient à faire paraître un roman d'amour, sous les auspices d'une cour galante et d'un public frivole. Si je livre à l'impression les Lettres suivantes, c'est au contraire malgré les mœurs qui m'environnent; c'est, j'ose le dire, contre le mouvement même du siècle et la tendance des esprits.

Une marche rapide, violente, a entraîné, depuis trente années, la société entière à travers tous les écueils. Deux passions dont le prix est de valeur inégale, mais également séduisantes pour les ames élevées, la liberté et la gloire, ont enivré tour-à-tour le peuple le plus mobile et le plus passionné de l'Europe. Les événements se sont pressés; les chutes, les triomphes, les revers des partis, les défaites inattendues, les espérances trompées, les regrets amers, les dévouements héroïques, les défections, les bassesses surprenantes; tout ce que madame de Sévigné nommait ces *grands étonnements* des peuples, se sont multipliés sous nos yeux. Cette éducation politique donnera ses fruits plus tard; et tout porte à croire que ses leçons ne seront point perdues. Mais dans le moment où j'écris, un sol si long-temps agité n'a pu se rasseoir encore; les esprits ébranlés violemment ont conservé quelques traces de l'impulsion fébrile que la révolution leur avait communiquée. On peut le dire sans exagération, la négligence de l'avenir, la précipitation des jugements, la légèreté des actions, le besoin de jouir vite, l'impatience enfin, sont les principaux caractères de cette époque, qui succède immédiatement à la plus grande secousse que le monde moral et politique ait éprouvée. Il semble que l'on redoute un nouveau caprice de la fortune, et que l'on se hâte de vivre. Les entreprises qui demandent de la patience et de longs travaux ne trouvent plus d'hommes assez courageux pour s'arracher aux délices du présent, et préparer les succès futurs. On ne gagne plus l'opulence ou la renommée, on veut les conquérir. Cette précipitation inquiète envahit tout le corps social et domine toutes les intelligences. Les jouissances de l'esprit elles-mêmes se sont empreintes de ce caractère de l'époque.

Si madame de Sévigné faisait ses délices de la lecture aride du métaphysicien Descartes; si les têtes les plus frivoles de son temps connaissaient la philosophie de Gassendi, dont Ninon de l'Enclos était la première prosélyte; c'est qu'une certaine stabilité dans l'état social, achetée il est vrai par une humiliante compensation, la servitude, engageait les esprits à se nourrir d'aliments solides, et favorisait le besoin d'étudier et de connaître. Les loisirs des grandes dames acceptaient pour amusement les détails fastidieux dont La Calprenède remplissait ses romans in-quarto; la patience des lecteurs du dix-septième siècle ne peut se comparer qu'à l'avide impatience des lecteurs du dix-neuvième. Aujourd'hui tout développement fatigue; les incidents doivent se suc-

céder comme les vagues de la mer, pour que
le livre ne soit point rejeté à la dixième page;
à peine permet-on à un caractère de se des-
siner, à une passion de se montrer, que l'on
veut de nouvelles passions et de nouveaux
caractères. L'analyse des sentiments paraî-
trait insupportable ; l'éloquence du cœur
n'arriverait elle-même à l'esprit que si, à force
d'art ou d'audace, on la jetait pour ainsi dire
à l'improviste, au milieu du fracas des événements. Le public ne demande aux écrivains
que de tromper son ennui par cette variété
de tableaux qui frappent l'imagination, comme
les décorations de l'Opéra frappent les sens.
Étrange situation de la littérature, dont une
sévère misanthropie accuserait la vieillesse
d'un siècle blasé, mais que je me contente
d'observer comme le résultat nécessaire des
longues inquiétudes, du déplacement de tous
les intérêts, de l'incertitude de toutes les exis-
tences.

Le roman par lettres était précisément le
genre d'ouvrages dont la vogue devait s'affaiblir davantage, au milieu d'un public ainsi

disposé. Ces détails de mœurs, ces peintures de sentiments, ces analyses de passions qui constituent la perfection du genre où Richardson et madame Cottin ont excellé, échappent au coup d'œil rapide qu'une attention fugitive accorde maintenant à ce genre d'ouvrages. C'est cependant, je l'avoue, une série de lettres que je publie : s'il y a quelque témérité dans cette tentative, ce n'est pas sans avoir réfléchi à cette espèce d'imprudence, et au goût particulier de mon temps, que j'ai osé la commettre.

Après avoir examiné comment l'état moral de l'Europe avait influé sur les plaisirs de l'esprit, cherchons, dans la nature même du roman, si l'antipathie que j'ai signalée contre le roman épistolaire est fondée sur la raison ou née d'un caprice du public. Je ne me permettrai pas de remonter, comme l'évêque d'Avranches, jusqu'à Mathusalem pour trouver l'origine des romans ; mais il ne sera pas inutile à la question que je traite de chercher comment s'est établi, chez les nations modernes, le succès de ces fictions que le génie inventa, et que l'ancienne civilisation ne connaissait pas.

La vie des nations fut d'abord héroïque et mythologique. Quand la société grossière se formait, les dieux étaient sans cesse présents à ces imaginations ardentes et crédules, et l'intervention des êtres surnaturels dut se mêler à la narration des faits sublimes, au récit des exploits accomplis par les hommes. L'épopée d'Homère est le roman de ces vieux âges. L'homme, aidé par une industrie naissante et luttant avec la nature, n'avait pas encore assez de confiance en ses forces pour être le héros de ses propres récits. Minerve, Apollon, Vénus, protégeaient sa faiblesse et planaient sur le champ de bataille, sur le palais des rois, sur l'autel des sacrifices. Les mœurs, les passions, les vices des hommes, dépendaient de la volonté toute-puissante des divinités. Si la vertu ou le courage élevaient un mortel au-dessus de ses semblables, aussitôt il cessait d'être homme, il était dieu.

La société politique naquit; et le roman ne put éclore, ni chez les Hellènes, ni chez les Romains. La vie civile absorba tout. On ne fut spécialement ni orateur, ni poëte, ni jurisconsulte, ni sophiste, ni général; on fut citoyen. La maison devint l'asile des plus vulgaires nécessités de la vie; le Forum ou l'Agora étaient la véritable demeure de tout citoyen de Rome ou d'Athènes. L'existence des femmes, sans éclat et sans intérêt, se bornait aux soins du ménage et à l'éducation des enfants. Plus il y avait de simplicité, peut-être de grandeur dans cette manière d'envisager la civilisation, plus elle s'éloignait de celle qui devait donner naissance au roman. La peinture des mœurs privées aurait paru puérile, dans un temps où l'on ne connaissait que les mœurs publiques. L'imagination des poëtes enfanta des fictions épiques, dont les dieux et les demi-dieux étaient les acteurs; ils ne pensèrent jamais à choisir pour texte exclusif et particulier les peines et les plaisirs de l'homme, ses joies domestiques, encore moins l'observation délicate de ces nuances de passion, qui s'effaçaient dans le grand mouvement des esprits et des affaires. Cependant le luxe, en s'étendant, éteignit peu à peu cette flamme patriotique qui animait la société. C'est quand la vie civile des sociétés antiques commence à disparaître, que le roman commence à se montrer. Les Asiatiques, dans leurs fables milésiennes, racontent les aventures d'amants malheureux, que le sort sépare et réunit tour-à-tour. Pétrone, qui semble avoir écrit son ouvrage sous les Antonins, et non pas sous Néron, s'amuse à retracer, avec la naïveté du vice et l'élégance d'un homme de cour, les scènes d'une vie dissolue. Le platonicien Apulée, dans une allégorie à laquelle il mêle des récits de mœurs populaires, et dont le fond est emprunté aux Grecs, se moque des sorciers et des prêtres. Au temps où florissait Lycurgue, où tonnait Démosthène, où Rome écoutait Cicéron, qui aurait prêté l'oreille à ces narrations ingénieuses? On n'a pu trouver quelque plaisir dans ces premiers essais de l'art du romancier, qu'au moment où les peuples, voyant leur existence sociale détruite, perdirent de vue les intérêts de la liberté et de la patrie, et se réfugièrent au sein de la famille.

Le roman fut, pour ainsi dire, le dernier produit, le résultat définitif de la civilisation. Le christianisme changea le sort des femmes, et rétablit l'égalité entre elles et le sexe plus fort qui n'avait cessé de les tenir dans une servitude domestique. La passion de l'amour se développa sous toutes ses formes. Les mœurs antiques, si simples et si grandes, furent remplacées par une complication d'intérêts que la féodalité vint encore embrouiller. C'était un mélange de liberté tyrannique, de servitude oppressive, de platonisme et de passions brutales, de dévotion et de crimes, un chaos qui n'était pas sans quelque grandeur, et dont la nuit profonde fut sillonnée par des vertus éclatantes. L'étude des hommes devint plus difficile et plus intéressante, comme une matière plus complexe et plus hétérogène offre plus d'attrait aux expériences du chimiste. Quand tous ces éléments disparates se confondirent, quand la société reprit une situation fixe, sous la monarchie absolue de Louis XIV, les souvenirs et leur influence modifièrent la littérature. Il n'y avait plus pour les sujets, ni patrie, ni esprit national, ni intérêt public : le roman véritable, celui qui retrace les faiblesses et les passions de l'humanité, s'éleva naturellement du sein de la société même.

Je ne m'arrêterai point sur les essais des écrivains diffus, qui commentèrent, en style de plaidoirie, les chroniques anciennes des exploits de Roland et d'Amadis. La chevalerie était éteinte; son souvenir avait du prestige; les romanciers essayèrent de s'en emparer. Ce genre devait avoir quelque succès sous le règne d'un monarque dont le despotisme s'environnait encore d'une sorte de majesté chevaleresque. L'empire des femmes n'avait cessé de s'agrandir; elles furent les créatrices du roman de passions. On n'avait pas tenté d'analyser le cœur humain, dans ses émotions les plus tendres, de donner pour seuls mobiles à une fiction les développements et les combats de l'amour, avant madame de La Fayette. D'Urfé, peintre fade d'une passion monotone et fausse, n'avait donné au public qu'un tableau sans vie, et pour ainsi dire *monochrone*, d'une seule teinte langoureuse et fatigante : le besoin de ce genre d'ouvrages se faisait dès-lors si vivement sentir, que tout cet ennui, distribué en douze volumes, avait joui d'une grande réputation, et trouvait par-tout des lecteurs, avant que la femme spirituelle que je cite n'eût publié sa *Zayde*.

Telle est, je crois, la naissance du roman. C'est de la vie privée qu'il s'occupe, c'est dans les secrets replis du cœur qu'il descend. Madame de Tencin et plusieurs autres écrivains de la même époque montrèrent un rare talent d'observation, une extrême finesse de vues, dans le genre que madame de La Fayette avait créé. Cependant il était réservé à un homme de reproduire toute la société moderne dans un roman : cet homme est Le Sage. Aucune émotion du cœur, aucune des variétés de la passion de l'amour, n'avaient échappé aux femmes dont je parle : aucun des vices de nos mœurs, aucun des ridicules de nos sociétés modernes, ne restèrent cachés à l'auteur de Gil-Blas. Il créa le roman des mœurs. Ce La Fontaine des romanciers, naïf par la force même et la franchise de son génie, varié comme la vie humaine, instructif comme l'expérience, est à-la-fois triste et plaisant comme elle.

Les Anglais, qui avaient combiné par un singulier bonheur l'esprit national et le patriotisme antique, avec l'aristocratie née de la féodalité, eurent à-la-fois des mœurs publiques et des mœurs privées, mélange inconnu aux anciens. Un climat sombre les forçait de se réunir plus souvent sous le toit de la famille, et leur inquiète indépendance se serait révoltée contre l'inquisition hardie qui eût osé violer le secret de ce sanctuaire. Ils créèrent un mot pour exprimer tous les plaisirs du coin du feu, tout le bonheur de la propriété, toute la liberté d'action qu'ils voulaient conserver dans leur vie privée; c'est le *home*, le *chez soi*, terme ignoré du reste de l'Europe, et qui ne pouvait être que l'idiotisme spécial de ces insulaires. Le roman consacré à retracer les mœurs intimes se développa rapidement chez ce peuple; et il faut avouer qu'il excella dans un genre qu'il aurait créé, quand même les nations étrangères n'en eussent pas conçu la moindre idée, et ne lui en eussent pas fourni le premier exemple.

Aussi vit-on paraître en Angleterre des peintures sans nombre de ces coutumes privées, de cette intimité domestique à laquelle on attache tant de prix ; et tandis que Le Sage renfermait en trois volumes les leçons les plus plaisantes et les plus profondes de l'expérience sociale, les portraits les plus frappants de tous les travers de nos mœurs, Richardson, certain de plaire à ses concitoyens, écrivait l'histoire d'une famille comme on écrivait l'histoire universelle : n'oubliant aucun détail, ne faisant grace au lecteur d'aucune particularité ; vrai et minutieux comme la nature, bavard et incorrect comme la passion ; ne vivant pour ainsi dire que de la prolixité même de ses détails, et trouvant le secret d'attacher ceux qui le lisent en délayant en huit volumes le simple récit d'une séduction.

Diderot, dont le génie brûlant s'enflammait comme la lave et roulait comme elle des torrents de feu, mêlés de scories, a consacré à

Richardson un dithyrambe en prose dont l'exagération a rendu moins plausibles les justes éloges qu'il renferme. Si l'on veut entrer pour ainsi dire dans le génie des mœurs anglaises, et considérer la famille comme le théâtre le plus intéressant pour l'homme, comme un drame dont la plus petite scène a du prix, on admirera chez Richardson la sagacité de l'observation, le coup d'œil vaste et varié du peintre, l'imitation exacte des tons les plus divers, la fidélité parfaite des détails, l'admirable unité des caractères, la vérité de tous, la profondeur de quelques uns. C'est Richardson qui a donné au roman de mœurs, non la perfection la plus haute sous le rapport du goût, mais le plus de portée et d'étendue : c'est chez lui que se sont reproduits avec le plus d'exactitude et de variété ces détails de mœurs intimes, qui constituent le roman moderne.

Ses admirateurs l'ont comparé à Homère ; sans discuter la justesse d'un parallèle aussi ambitieux, avouons qu'il a porté dans ce poëme épique des mœurs privées les longueurs, la force de tête et l'éloquence naturelle qui distinguent le chantre des temps mythologiques de la Grèce; il est assez bizarre que l'on puisse établir une sorte de comparaison entre le génie poétique du barde ancien, et le génie observateur et éminemment prosaïque de l'auteur de *Clarisse Harlowe*.

Richardson comprit la nécessité de ne point donner à ses romans la forme d'une narration racontée par l'écrivain. Le romancier ne devait jamais paraître dans ses ouvrages ; c'était la nature même, les caractères des hommes, leurs passions réelles, les secrets ressorts de leurs pensées qu'il voulait reproduire. Il laissa parler ses personnages. Chacun rapporta sa propre histoire, fit la confidence de ses sensations, déposa pour ou contre lui-même. C'était entrer profondément dans le génie du roman moderne. C'était faire pour ainsi dire un nouvel emploi de l'art dramatique. Chaque lettre du roman, contenant une espèce de monologue, initiait le lecteur aux secrets les plus intimes de chacun des acteurs du drame. Lovelace révélait sa propre perversité ; l'amour caché de Clarisse pour le séducteur se trahissait malgré les efforts de sa vertu; et la correspondance triviale des personnages subalternes assignait aux personnages principaux le degré d'estime, de considération où Richardson avait jugé convenable de les placer: vaste machine, dont la conception atteste le génie de celui qui l'a créée, et dont l'exécution offrait des difficultés presque insurmontables.

A peine les maîtres de la scène sont-ils parvenus, dans quelques uns de leurs chefs-d'œuvre, à s'identifier complètement avec l'esprit et le caractère du petit nombre de personnages qu'ils plaçaient dans leur drame. Plus de soixante individualités différentes, toutes empreintes de caractères opposés, se présentaient au romancier anglais. Il s'agissait de leur faire parler leur propre langue, sans confondre jamais leurs mœurs, leurs habitudes, leur idiome. On ne peut refuser à celui qui a réussi dans une telle entreprise un rang parmi les hommes de génie.

J'ai cherché à prouver que la forme épistolaire était essentiellement convenable au genre du roman. Né de la complication des intérêts sociaux, et du besoin de voir retracés à-la-fois la diversité des caractères humains, et les mouvements secrets du cœur dans la vie privée, il s'approche davantage de la perfection, à mesure qu'il est plus naïf. Quand l'auteur se montre, quand un récit, même vraisemblable, laisse soupçonner une fiction, ce caractère de vérité entière s'affaiblit. Le roman est l'étude de l'homme social ; c'est en l'écoutant parler, en le voyant agir, que cette étude peut devenir réelle et profonde.

Fielding, au lieu de suivre la route tracée par Richardson, imita les formes adoptées par Le Sage. Il peignit les masses de la société, esquissa des caractères généraux, et raconta les événements de la vie de ses personnages avec une énergie et une vérité qui le placent immédiatement après le peintre de Gil-Blas.

Plus la civilisation faisait de progrès, plus le roman acquérait d'influence. Il devint la lecture favorite de toutes les classes de la société, et marcha de pair avec le drame. On le vit emprunter toutes les formes : Sterne y esquissa, sous des traits fantasques, les bizarreries du cœur humain; Voltaire en fit la satire et le châtiment de tous les vices qu'entraînent la superstition et l'immoralité politique; Rousseau, doué d'un génie plus austère, osa l'élever à la dignité d'une œuvre philosophique.

On reconnaît aisément, dans la *Nouvelle Héloïse,* le mélange et la fusion de plusieurs conceptions diverses. Jean-Jacques, séduit par la prodigieuse variété des personnages mis en scène par Richardson, voulut aussi que ses acteurs rendissent compte eux-mêmes de leurs émotions et de leurs sentiments. Il plaça la scène de l'Héloïse dans une solitude complète, pour que ses héros, éloignés des préjugés et des habitudes dont on ne peut s'affranchir dans les grandes villes, développassent sans réserve et sans crainte les dogmes hardis d'une philosophie nouvelle, et les paradoxes qu'une vie retirée rend moins étranges aux yeux de ceux qui les soutiennent. Madame de La Fayette avait peint les délicatesses de l'amour chez les personnes d'un rang élevé; Rousseau, l'ennemi des distinctions sociales, voulut retracer toutes les fureurs, les voluptés, les peines, le dévouement de l'amour chez des jeunes gens d'une naissance ordinaire, et séparés du grand monde. Enfin, comme Richardson avait offert un tableau exact, ou plutôt un miroir d'une vérité parfaite, où se répétaient les plus légers mouvements des mœurs de famille, l'auteur d'*Héloïse*, toujours entraîné par son imagination vers des régions idéales, essaya de créer une famille entièrement heureuse, et de réaliser, par la magie de son talent, une sorte de paradis terrestre animé par des mœurs privées, dont la simplicité, la pureté, l'ordre, devaient faire tout le charme. Si un immense talent n'a pu accomplir dans son ensemble une si noble création, et lui donner toute la perfection à laquelle les vœux de l'auteur aspiraient, on doit croire que l'entreprise dépassait les forces humaines, et que l'audace du philosophe s'était proposé un but placé au-delà du terme que le génie peut atteindre.

Les ressources de l'éloquence, la beauté de la diction, l'éclat du paradoxe, le talent de décrire, l'ardeur de la passion, la force du raisonnement, furent réunis, pour ainsi dire, par Jean-Jacques, et combinés avec une incroyable énergie de pensée, pour déguiser et embellir les vices réels d'un plan vers lequel il avait essayé de faire aboutir tous les résultats de ses méditations, tous les objets de son enthousiasme, de ses souvenirs, de ses rêveries, de ses doutes, de ses craintes, et de ses regrets. Trop passionné pour être observateur impartial, il ne donna pas à ses héros la vie réelle et le langage spécial que Richardson avait prêté aux siens. Julie et Saint-Preux, Claire et lord Édouard parlèrent la langue de Jean-Jacques : langage audacieux, brillant, plein de véhémence et de grandeur, modèle presque inimitable, mais dont la beauté oratoire était à elle seule un contre-sens, et s'accordait mal avec la forme épistolaire qu'il avait voulu choisir.

En adoptant cette forme, Jean-Jacques paraît s'être réservé sur-tout le droit de discuter dans des lettres de controverse philosophiphe, plusieurs points de morale, de religion, de politique. Madame de Staël l'a imité : Delphine, le premier ouvrage que cette femme célèbre ait publié sous le titre de roman, est le développement d'une maxime qui nous semble fausse : « Que les femmes doivent se soumettre à l'opinion, et les hommes la braver. » On trouve dans ce roman plus de connaissance du grand monde, que dans la Nouvelle Héloïse; mais les caractères en sont plus factices, l'enthousiasme y est moins vrai, le style moins parfait, la moralité plus équivoque. Il y règne une croyance à l'empire illimité des passions, une sorte de foi à leur noblesse et à leur puissance, dont les résultats sont dangereux. Le culte que Delphine et Léonce professent pour leur propre enthousiasme, leur amour, leur dignité, leur véhémence, est une espèce d'égoïsme de sensibilité qui se couvre d'un masque de philosophie : il semble qu'ils s'agenouillent eux-mêmes devant leurs passions.

La femme spirituelle et supérieure dont je parle a exagéré dans ce roman tous les défauts que l'auteur de l'Héloïse avait palliés à force d'art. Comme lui, elle a répudié les avantages qu'offre à l'auteur du roman par lettres la variété des caractères : la même monotonie de dialectique passionnée règne dans toute la correspondance de ses héros. Malgré la force et l'éclat du génie de Jean-Jacques, malgré la mobile énergie de pensée qui caractérisait madame de Staël, ces deux écrivains ont concouru, selon nous, à décréditer le roman épistolaire. En l'engageant dans cette fausse route, ils l'ont privé de ce mérite dramatique qui naît de la vérité parfaite du langage prêté aux personnages différents. D'autres romanciers ont marché sur les traces de Jean-Jacques, et encouru le même reproche dans des ouvrages où le plus remarquable talent s'est déployé quelquefois, mais sans s'astreindre aux règles naturelles que Richardson s'était imposées, et qui nous semblent essentielles au genre de roman dont il est question.

Tel est *Werther*, ouvrage célèbre, que la vieillesse de Goëthe a désavoué comme un fruit trop précoce d'une jeunesse ardente. Ce n'est à proprement parler qu'un monologue distribué par lettres. Il y a aussi dans cet ouvrage une sorte de but philosophique ; c'est une peinture cruelle du néant des choses humaines, de la vanité de nos passions, de nos ambitions, de nos desirs ; c'est une excuse du suicide, fondée sur le dégoût que peuvent inspirer à une ame exaltée les peines de la vie vulgaire, et les exigences d'une société faite pour le commun des hommes. En reconnaissant la supériorité de l'auteur et la force de cette éloquence métaphysique qu'il a déployée, avouons qu'un tel ouvrage n'est point sans danger, et que la sagesse des dernières années de Goëthe peut voir avec quelque regret cet emploi de son jeune talent. Il est trop facile de se dégager des liens sociaux, sous prétexte que l'on est au-dessus du vulgaire, pour qu'il n'y ait pas quelque péril à soutenir qu'un homme supérieur peut s'affranchir de toutes les entraves, et rejeter plutôt le fardeau de la vie que de partager les ennuis de l'existence sociale avec une foule puérile ou corrompue.

Madame Krudner, dans son roman de *Va-*

lérie, imita les *passions du jeune Werther*; madame Cottin et quelques femmes anglaises suivirent les pas de Richardson; il était réservé à l'auteur des *Liaisons dangereuses*, de lutter avec lui corps à corps : quelque talent que je reconnaisse au peintre de madame *de Merteuil*, je ne lui ferai cependant pas l'honneur de le comparer à l'auteur de *Lovelace*: même à génie égal, il n'y a point de parallèle possible entre deux écrivains dont l'un emploie son talent à faire triompher le vice, et l'autre à faire aimer la vertu.

Le règne du roman par lettres trouva son terme; et, changeant de nature, il contracta une espèce d'alliance avec le mélodrame, dont il s'appropria les incidents multipliés, les scènes incohérentes, les transitions brusques, et quelquefois le style extravagant. C'est aujourd'hui, que le genre du roman mélodramatique jouit de toute sa puissance, qu'il est curieux d'examiner comment, après avoir parcouru tant de phases diverses, on en est revenu, en dernière analyse, aux grands coups d'épée de mademoiselle de Scudéry, aux personnages historiques de la *Clélie*, et à la complication d'incidents que la jeunesse de nos bisaïeules admirait dans l'*Astrée*.

Le roman historique, puisqu'il faut l'appeler par son nom, n'a pas le mérite de la nouveauté. Le mélange de fictions avec les événements réels est une des plus vieilles inventions de la littérature en enfance. Les chroniqueurs, dont le style emphatique raconte les prouesses d'Amadis de Gaule et des pairs de Charlemagne, ne sont en effet que des historiens romanesques. Tous les romans de chevalerie reposent sur un fonds de vérité : Scudéry, La Calprenède, et leur école, ne sont que les imitateurs de l'archevêque Turpin. Mademoiselle de Lussan s'est encore amusée, pendant le dix-septième siècle, à revêtir d'un costume romanesque la cour de Philippe-Auguste. Enfin, si je voulais poursuivre dans toutes ses branches, et analyser avec exactitude le genre semi-historique et semi-imaginaire dont il est question ici, je prouverais que l'abbé de Vertot, l'abbé de Saint-Réal, et Sarrazin, auteurs académiques, inventeurs de détails fictifs destinés à embellir des incidents réels, ont infiniment plus de droits aux titres de créateurs du roman historique, que madame de Genlis et Walter Scott.

Mais sans chercher au loin le berceau du roman historique, sans retrouver ses langes primitifs dans les narrations mensongères de Darès-le-Phrygien et du faux archevêque Turpin, voyons un peu quelles sont ses prétentions, quel but il se propose, et quelles ressources il emploie.

Le passé n'est point sans séduction pour l'imagination humaine; une espèce d'auréole vague l'environne. Les récits d'autrefois ont de la majesté dans leur mouvement, du charme dans leur naïveté. Les noms historiques frappent vivement la pensée. L'histoire s'empare à-la-fois des grandes masses et des détails curieux que les souvenirs du passé lui fournissent. Les mémoires et les biographies complètent ce que l'histoire des peuples considérés dans leurs masses est obligée de laisser de côté: c'est une lecture pleine d'instruction et de charme; les rois s'y instruisent; les philosophes y trouvent la plus intéressante de leurs études. Elle est, comme dit Montaigne, « *profitable et plaisante.* »

Le romancier historique, abandonnant à l'historien tout ce qu'il y a d'utile dans ses travaux, prétend s'emparer de tout ce qui plaît dans les souvenirs de l'histoire : il ne s'embarrasse point des leçons du passé, il se contente de s'envelopper du prestige qu'il lui emprunte. Peindre les costumes, décrire les armures, tracer des physionomies imaginaires, prêter à des héros réels des mouvements, des paroles, des actes dont rien ne peut prouver la réalité, tel est son ouvrage. Au lieu d'élever l'histoire jusqu'à lui, il rabaisse l'histoire jusqu'à la fiction ; il force cette muse véridique à devenir un témoin de mensonge : son talent ne peut jamais parvenir qu'à s'approcher d'une manière incertaine et à peine probable de la réalité telle qu'on peut soupçonner qu'elle a dû être. Genre mauvais en lui-même, genre éminemment faux, que toute la souplesse du talent le plus varié ne pare que d'un attrait frivole, dont la mode se lassera bientôt après l'avoir adopté.

Comme le roman s'occupe de peindre dans leurs détails les mœurs privées des hommes, quelques écrivains érudits ont créé une sorte de roman étayé de leur science et où ils ont essayé de reproduire les mœurs privées du temps passé. C'est dans ce sens qu'*Anacharsis*, de l'abbé Barthélemy, et le *Palais de Scaurus*, de M. Mazois, sont des romans pleins d'érudition. Mais ces hommes distingués n'ont employé que des matériaux reconnus vrais, et leurs autorités sont les témoignages irrécusables des anciens dont ils retracent les mœurs. Quand madame de Genlis, au contraire, lasse d'avoir appris aux enfants la chimie et la physique, au moyen de petits contes, voulut enseigner aux hommes d'un âge mûr l'histoire des rois, au moyen de romans historiques, la critique littéraire et le simple bon sens durent se révolter contre les suppositions que la romancière prétendait introduire dans le domaine de l'histoire. On voulait avoir de meilleures preuves que celles apportées par elle, de la délicatesse galante qu'elle prêtait à l'inconstant amant de mademoiselle de La Vallière, et de la ferveur romanesque dont elle avait fait don au plus froid des monarques, au faible Louis XIII. Tous les gens raisonnables protestèrent contre un système qui changeait les figures historiques en figures de fantaisie; et une certaine faiblesse de pinceau et de coloris, nuisant encore aux succès de ces romans, le genre dont je parle ne s'accrédita point encore.

Un écrivain se présenta, plus distingué par l'érudition que par la force de la pensée; profondément versé dans les antiquités de l'Écosse sa patrie; prosateur correct et poëte élégant; doué d'une mémoire prodigieuse et du talent de faire revivre, pour ainsi dire, les souvenirs du passé; dépourvu d'ailleurs de philosophie, te ne s'embarrassant jamais de soumettre à un jugement la moralité des actions, ni celle des hommes. Après avoir publié des poésies brillantes, mais où rien ne révélait la profondeur ou la vigueur du génie poétique, il s'avisa de réduire, sous la forme d'un récit, la plupart des souvenirs d'antiquité dont il avait fait son étude. Il retraça les vieilles mœurs d'une contrée encore sauvage aujourd'hui; les coutumes, le dialecte, le paysage, les superstitions de ces descendants des anciens Celtes, qui ont conservé jusqu'à leur costume primitif, étonnèrent par leur singularité. On était fatigué des romans sentimentaux ou licencieux; on crut respirer l'air des montagnes et voir s'élever, du sein des vapeurs qui couvrent les vallées, les pics aigus du Ben-Lomond. La langueur de la civilisation moderne trouva, dans ces tableaux naïfs et sauvages, un contraste piquant avec sa propre faiblesse. Plus l'auteur de ces narrations avait accumulé les descriptions d'objets inconnus, dont la réalité est attestée par les voyageurs, ou dont la crédulité conserve la tradition, plus les esprits, charmés par tant de nouveautés, s'attachèrent à ces ouvrages dont le nombre ne le rebuta pas. Les sites choisis par Walter Scott s'accordaient avec ses personnages : on eût vainement cherché à rendre vraisemblable, dans tout autre pays que l'Écosse, la présence de ces Bohémiennes logées sous des abris basaltiques, la rusticité chevaleresque des paysans, et leur langage toujours poétique dans sa simplicité. En adoptant avec une sorte de fureur les ouvrages du baronnet écossais, il sembla que les mœurs modernes, avec leur luxe, leur frivolité, leur petitesse ambitieuse, rendaient un hommage involontaire à la majesté naïve des mœurs des peuples sauvages.

La faculté d'inventer des figures idéales, de les revêtir d'une beauté céleste, de leur communiquer une vie surhumaine, cette faculté de création que les grands poëtes ont possédée était étrangère à Walter Scott. Il écrivit sous la dictée de ses souvenirs; et après avoir feuilleté de vieilles chroniques, il se contenta de copier ce qu'elles offraient de curieux et d'étonnant. Pour donner quelque consistance à ces récits, il inventa des dates, s'appuya légèrement sur l'histoire, et publia volumes sur volumes. Comme son talent consistait à faire renaître sous nos yeux les détails du passé, il ne voulut point prendre la peine de tracer un plan, ni de donner un héros à ses ouvrages; presque tous se composent de détails heureusement rendus, mais on n'aperçoit sur le premier plan que des figures sans intérêt : c'est sur le second que se trouvent celles qu'il a dessinées avec le plus d'attention, et pour ainsi dire caressées. Le goût et l'exactitude des peintres hollandais se retrouvent dans ses tableaux, qui n'ont que deux défauts marquants, celui de se nommer historiques, et celui de manquer d'ordre, de régularité, de philosophie, et de présenter moins une composition parfaite, qu'une confusion d'objets jetés au hasard, quoique copiés avec une fidélité piquante.

C'était un *roman* d'espèce nouvelle; on crut l'avoir suffisamment défini en le nommant *historique :* définition fausse comme la plupart des termes nouveaux que l'on emploie pour suppléer à l'indigence des langues. Le roman est une fiction, et toute fiction est mensonge. Appellerons-nous *mensonges historiques* les volumes du baronnet anglais? Ce serait une injure peu méritée. Ces narrations originales sont dignes d'éloges à plus d'un titre; mais ce n'est point dans les rangs des Tacite, des Machiavel, des Voltaire, et des Hume, que leur auteur doit se placer : le moindre compilateur d'anecdotes est plus historien que lui. Peu d'écrivains ont employé avec autant d'habileté et de succès les trésors d'une science communément aride, les extraits des vieux manuscrits, et les découvertes de l'antiquaire.

Le mouvement, la grace, la vie, que Walter Scott prête aux scènes du passé ; la rudesse et souvent l'inélégance d'un récit qui paraît en harmonie complète avec l'époque à laquelle il se rapporte ; la variété de ces portraits singuliers, dont le caractère bizarre respire un air d'antiquité sauvage ; l'étrangeté de l'ensemble, et la minutieuse exactitude des accessoires, rendirent populaires les romans que l'Europe attribue à Walter Scott, et que lui seul désavoue. Les émotions qu'on leur devait étaient universelles, et l'on s'aveugla sur leurs défauts. En transportant l'imagination loin de la société civilisée, telle que nous la connaissons, ces ouvrages portèrent les derniers coups à l'ancien roman, tel que Richardson l'avait conçu. Les tableaux des mœurs civilisées semblèrent pâles à côté des mœurs de ces montagnards et de ces sibylles, que le raconteur écossais faisait agir et parler. Les peintures de la passion, dans ses égarements, ses caprices, ses scrupules, ses retours, cessèrent d'exciter l'intérêt. C'est ainsi qu'un homme, dont les sens ont émoussé leur énergie par l'abus des liqueurs fortes, se dégoûte de ce qu'il aimait autrefois, et repousse avec dédain la liqueur plus salubre qui suffisait pour étancher sa soif.

Le roman par lettres ne jouit plus dèslors que d'une estime de souvenir; c'est un ami qui nous a plu, et que nous voulons bien tolérer encore, sans desirer sa présence, sans lui demander des consolations ou des plaisirs. J'ai montré comment, après une si grande vogue, ce genre de roman avait vu son éclat pâlir et s'éteindre par degrés; mais son mérite, fondé sur la nature même du roman, survivra au goût capricieux de la génération qui l'a vu naître ; et dès que la foule des imitateurs aura fatigué la patience des lecteurs de fictions prétendues *historiques,* je ne doute pas que le public ne revienne aux objets de sa prédilection première. Le *roman par lettres,* dont la forme permet aux caractères de se développer, aux personnages d'envisager les événements récents sous le point de vue qui trahit leurs passions secrètes ; le roman par lettres, qui comporte tous les genres de talent, et admet toutes les variétés de discussion, de raisonnement, de description, d'éloquence, survivra à l'espèce d'anathème que la frivolité impatiente des contemporains semble avoir lancée contre lui.

Éditeur des lettres que l'on va lire, j'ai cru devoir justifier la forme sous laquelle je les fais paraître ; il m'eût été facile de changer en une narration rapide la correspondance qu'une suite d'événements extraordinaires ont placée entre mes mains. J'ai pensé que je lui ôterais par-là ce cachet de vérité si précieuse pour les observateurs de l'homme. J'ai laissé les jeunes héros de ce drame exprimer eux-mêmes les passions qui les agitaient; et si je me suis épargné le travail qu'aurait pu me donner la rédaction d'une anecdote d'ailleurs intéressante en elle-même, ce n'a point été pour soulager ma paresse, mais par la conviction intime que les longueurs mêmes des lettres qui composent ce recueil offrent plus de mouvement, de naïveté, et de vie, que ne pourrait en avoir le récit le plus exact et le plus éloquent des faits qui s'y trouvent consignés.

C'est donc malgré mon siècle que je publie ce recueil de lettres. Non seulement la forme en est passée de mode, mais la majorité des lecteurs préfèrent le mouvement de ces scènes mal amenées, ces coups de théâtre que les romans ont empruntés aux tréteaux du boulevart, à la fidèle peinture des mouvements du cœur humain. Je ne puis croire que ce caprice, d'un goût dépravé, doive durer longtemps, et je ne voudrais point déférer, par flatterie pour le public, aux nouveaux arrêts d'une critique de circonstance, à laquelle la mode du lendemain peut dicter un arrêt contraire aux sentences de la veille.

Je puis attester que les personnages et les faits dont ces lettres font mention ne sont point imaginaires ; le véritable nom des uns, l'époque et le lieu réels où se sont passés les autres, sont inutiles aux lecteurs, et je ne pourrais satisfaire une curioristé stérile sans trahir un secret dont l'amitié m'a fait dépositaire. J'ai cherché un titre convenable au récit qui s'y trouve. Deux passions véhémentes animent toutes ces lettres : l'amour porté jusqu'à la frénésie ; l'amitié elle-même devenue une passion ardente, et dans son dévouement sans bornes, s'abandonnant à tous les excès qu'elle condamne et qu'elle a cherché vainement à réprimer.

Il y a peu d'histoires plus véritables que ce roman ; non seulement le fond, les caractères, les épisodes, et les principaux détails en sont rigoureusement vrais, mais une partie des lettres dont il se compose, celles-là même dont on pourra suspecter avec plus de raison l'authenticité, ne sont que des copies, ou des extraits fidèles des lettres originales qui m'ont été confiées. J'ai intitulé ce livre *les Passions*; j'ose espérer qu'on ne se méprendra pas sur le but moral que je m'y suis proposé.

CÉCILE,

OU

LES PASSIONS.

LETTRE PREMIÈRE.

CÉCILE DE CLÉNORD A PAULINE D'AMERCOUR.

Beauvoir, février 1786.

Tu crains, dis-tu, de me fâcher, ma bonne petite Pauline, en continuant à te moquer de ce comte de Montford, que tu t'imagines devoir être un jour mon époux. Tes craintes sont mal fondées ; tu peux te livrer tout entière à tes pensées malignes ; poursuis, ma bonne amie, et souviens-toi qu'il y a deux choses décidément impossibles : la première, que Cécile cesse d'aimer Pauline ; la seconde, qu'elle s'appelle jamais comtesse de Montford. Je ne sais à quoi tient que je ne te gronde, pour en avoir seulement eu la pensée.

Toi, Pauline, l'amie de mon cœur, la confidente

de toutes mes pensées, toi qui as partagé mon berceau, et qui es entrée dans la communauté de tous mes sentiments, tu as pu me soupçonner capable d'un pareil choix! Il est beau, me dis-tu : je n'en sais rien; grand seigneur: mes goûts sont modestes; riche : il peut faire du bien sans moi. Mais je me tue à combattre une chimère, et, quels que soient tes espérances, tes soupçons, et tes craintes, je me flatte qu'il ne pense pas à moi. Il est vrai qu'il vient assez souvent à Beauvoir; mais excepté mon père qui le voit avec plaisir, tout le monde s'y prend de manière à lui fermer la bouche, si l'envie de parler lui prenait; ma mère sur-tout a pour lui la plus belle antipathie : je ne puis le souffrir; voilà ce qui s'appelle un mariage en bon train.

Il faut que cette idée de mariage ait un grand charme à tes yeux; depuis quelques mois je remarque l'adresse avec laquelle tu trouves toujours moyen de la ramener dans tes lettres. Eh quoi! Pauline, nous touchons encore à l'enfance : crois-moi, sortons-en le plus tard possible; ne dédaignons pas une époque de la vie que tout le monde regrette. Je ne sais, ma chère, si nous ne sommes pas déjà trop savantes; nos poupées nous faisaient rire, nous les abandonnons pour des livres qui nous font pleurer.

On dit, il est vrai, que c'est quelquefois un plaisir de verser des larmes.... en effet.... mais, ma chère, je ne veux pas me livrer ici à je ne sais quelle tristesse dont je me sens préoccupée : quand toute ma famille est dans la joie, une inquiétude dont j'ai peine à me rendre compte, un abattement qui n'a ni cause ni prétexte, s'emparent de moi. Jamais tristesse n'est venue plus mal-à-propos. Nous attendons aujourd'hui même mon oncle Anatole qui revient des Grandes-Indes. Tu connais le vif attachement de ma mère pour ce frère chéri, et tu dois te faire une idée, Pauline, du plaisir qu'elle se promet, du bonheur qu'elle va sentir à le revoir après dix années d'absence. J'étais bien enfant quand il partit, et je n'ai conservé de sa figure et de ses manières qu'un souvenir très confus. Sais-tu que je suis sa nièce et sa filleule : malgré tous ces titres respectables, je ne manquerai pas de te dire de lui tout ce que je penserai.

La vie du couvent t'ennuie, ma Pauline ; tu brûles d'entrer dans le monde : plus l'amitié nous rapproche, plus il semble que nos goûts diffèrent. C'est au couvent que je voudrais retourner, si ma tendresse pour mon excellente mère me permettait d'en former le desir. Nous avons passé ensemble trois années dans cet asile, trois années de tranquillité parfaite et que j'ai beaucoup de peine à ne pas regretter. Sans confondre le charme de l'union si douce qui nous lie, avec le prestige du lieu, j'aime cette vie paisible et monotone, si bien faite pour la contemplation et la rêverie ; elle sympathise avec mes goûts : je redoute le monde; il semble que la paix du couvent mettrait un rempart entre lui et moi... Adieu, ma bonne amie; tu n'as plus que six mois à passer dans ta retraite; prends patience, et ne fais plus endêver ces dames. Tu vois que je sais de tes nouvelles.

LETTRE II.

ANATOLE DE CÉSANE
AU CHEVALIER CHARLES D'ÉPIVAL.

Beauvoir, février 1786.

Après une bien longue course, me voici au but. Je suis arrivé hier soir à Beauvoir, mon cher Charles; j'ai enfin jeté l'ancre sur la rive natale. Si tu n'étais pas mon ami, le plus sensible et le meilleur des hommes, je pourrais me dispenser de te rendre compte de ma réception dans une famille qui bientôt sera la tienne. Mais il ne me suffit pas d'être heureux: il faut encore que tu le saches.

L'impatience où j'étais ne me permit pas, comme tu peux croire, de séjourner en route. De Rennes à Beauvoir je ne suis pas decendu de voiture. La vue de la Loire est la première sensation vive que j'aie éprouvée. Toi-même, Charles, tu auras quelque peine à te figurer mon ravissement, quand je me retrouvai sur les bords de cette rivière, témoin des jeux de mon enfance. Une foule de souvenirs vinrent assiéger ma mémoire; quinze ans de ma vie disparurent; je me reportai à cet âge où la conscience du bonheur manque seule à sa réalité. Le cours lent et majestueux de ce beau fleuve portait insensiblement dans mon cœur, trop long-temps bouleversé par l'orage des passions, le calme qui régnait à sa surface. Mes idées, toujours trop ardentes, prenaient quelque chose de la régularité de son cours.

Je cotoyais la Loire dans cette douce situation d'esprit, jusqu'à ce que j'eusse découvert les tours de la ville de Blois. Dès-lors mon agitation devint insupportable; je ne pouvais ni contenir ma pensée, ni arrêter mon imagination qui me devançait. J'étais à cinq petites lieues de ma famille: dix ans s'étaient passés depuis l'adieu du départ. Chaque pas que je faisais sur cette levée qui conduit de Blois à Beauvoir, sur la rive gauche de la Loire, me rappelait quelque souvenir de mon enfance. Il n'y avait pas un seul des châteaux qui embellissent ses rives qui ne retraçât à ma mémoire quelques uns des premiers événements de ma vie. Enfin, je découvris le toit paternel, et je sentis tressaillir mon cœur. Cette émotion devenait plus violente à mesure que j'approchais. Je ne respirais plus; j'étouffais. La voiture entra enfin dans la cour du château.

Tu n'exiges pas, mon ami, que je te décrive ce que je sentis en pressant mon père entre mes bras, en embrassant ma sœur. Aucune expression ne peut rendre une situation pareille. Notre conversation pendant la première heure n'occuperait pas quatre lignes. Mon père! mon fils! mon frère! ma sœur! Des soupirs.... des pleurs.... des embrassements.... de douces étreintes.... Voilà tout.

Je me suis levé de bonne heure pour t'écrire; mais j'ai affaire à des gens matineux. J'entends déja que l'on rôde autour de ma chambre. Adieu, mon ami, à demain!

LETTRE III.

LE MÊME AU MÊME.

Beauvoir, février 1786.

J'ai trouvé mon père bien changé: comme la vieillesse, comme les chagrins ont sillonné ses traits vénérables! Ma vue a rouvert une blessure que le temps avait cicatrisée. En retrouvant son fils, le vivant portrait d'une épouse adorée, il a cru perdre une seconde fois ma mère; et j'ai pu m'apercevoir qu'elles n'étaient pas toutes de joie, les larmes qui coulaient de ses yeux.

Dix années ont à peine effleuré la beauté de madame de Clénord. Je l'ai revue telle que son image était restée dans mon cœur. Absorbé pour ainsi dire dans la contemplation muette de mon père et de ma sœur, je n'avais point encore jeté les yeux autour de moi: juge de ma surprise en apercevant, à l'autre extrémité du salon, une jeune personne d'une physionomie ravissante, appuyée sur un clavecin, et qui, toute en pleurs, semblait partager les transports dont elle était témoin.

« Ma fille, dit madame de Clénord, venez embrasser votre oncle.—Quoi! ta fille!—Oui, Cécile, ta nièce, ta filleule.— Elle était si petite quand je partis!—Elle avait cinq ans, elle en a quinze. Tu la trouvais si jolie! Sans compliment, comment la trouves-tu? » Je me défie de mes premières impressions; j'ai répondu froidement que je la trouvais charmante. Cécile me présenta ensuite son frère, le petit Albert que j'avais laissé au berceau, et qui semble déjà vouloir se mesurer avec moi. Imagine toute la naiveté de mon étonnement: il faut avoir passé dix ans loin de ceux qu'on aime, et les retrouver tout-à-coup pour se faire une juste idée de l'espace que ce laps de temps occupe dans la vie.

Il ne me reste à te faire connaître de toute la famille, que madame de Neuville, cette autre sœur, dont tu prétends quelquefois que je veux te rendre amoureux. Comme elle n'est pas ici pour le moment, et que je crois sa présence plus propre que son éloge à réaliser l'intention que tu me supposes, je ne t'en parlerai pas aujourd'hui.

Félicite-moi, mon cher Charles. Je crois avoir atteint, à vingt-six ans, ce but que la plupart des hommes essaient vainement de toucher avant la vieillesse. Mes folies m'ont rendu sage, et mes crreurs m'ont dégoûté des passions. Je vois s'ouvrir devant moi une carrière de paix, de simplicité, de bonheur, où je prends désormais pour guides la nature et l'amitié. Je t'écris à mon réveil, après la plus douce des nuits : elle est unique dans l'histoire de ma vie, comme le jour qui l'a précédée. Songe, mon ami, qu'il ne me manque plus ici que toi, et que tu es comptable à ton propre cœur des maux que ton absence fait souffrir au mien. Embrasse pour moi ton frère. Il est un peu rude au premier abord. C'est le diamant sous son enveloppe grossière. Il est bon : cela vaut mieux que d'être poli.

LETTRE IV.

PAULINE D'AMERCOUR A CÉCILE DE CLÉNORD.

Au couvent de Laguiche, 1786.

Grande joie au couvent! (parmi les religieuses, entends-tu bien; car pour nous autres pensionnaires, nous sommes au désespoir.) Adine, cette aimable novice que tu aimais tant, vient de prendre le voile. Cela m'afflige bien plus que les autres, à présent que je connais les motifs qui l'ont déterminée à cet horrible sacrifice. Oui, mademoiselle, horrible! Et ma Cécile aura beau prêcher, c'est un triste, un détestable, un hideux spectacle, que des grilles et toujours des grilles. Pour moi, je sens que j'escaladerais les murs de tous les couvents du monde, si j'étais condamnée à passer ma vie dans un pareil séjour, à moins pourtant que tu ne partageasses mon supplice. Je m'occupe en cachette à mettre par écrit l'histoire de sœur Euphémie (c'est le nom religieux d'Adine). Je te l'enverrai lorsque j'aurai pu la finir.

Quand tu devrais me battre, ma Cécile, il faut que je te dise encore un mot du comte. Il a des vues sur toi, rien n'est plus vrai, ma chère; et dimanche dernier, il s'en est à-peu-près expliqué chez mon père. Voici ses propres expressions: « J'ai toujours
« eu pour le mariage la plus profonde aversion, et
« je ne vois guère la nécessité d'en venir, avant cin-
« quante ans, à cette extrémité. Cependant je me
« sens capable de déroger à mes principes en faveur
« de la nymphe de Clénord.... » En faveur! c'est un maître fat que ce beau monsieur de Montford; et je ne serais pas du tout fâchée de la réponse que tu lui réserves, si mon père en était un peu moins entiché: ce qui me fait craindre, à moi, fille modeste et prévoyante, qu'il ne s'avise de me présenter un jour la main que tu auras dédaignée. Je refuserais à mon tour: cela désobligerait mon père, et j'en aurais un véritable chagrin.

Je suis curieuse de savoir ce que tu penses de ton oncle; mon père en raconte des merveilles. A l'entendre, c'est un véritable héros de roman. Il a parcouru le monde et l'a rempli de ses aventures. On ajoute qu'il a de grandes erreurs de jeunesse à expier. Pour moi, je suis indulgente; et, tout bien considéré, j'aime encore mieux Werther avec ses passions, que je viens de lire à la dérobée, que Grandisson avec ses perfections fatigantes.

De crainte que tu ne m'accuses de réticence volontaire, je t'avouerai que j'ai eu ce matin une visite au parloir : celle de ton frère, par exemple. Ne le gronde pas, s'il ne t'a pas prévenue. Il n'avait pas l'intention d'aller jusqu'à Blois et c'est par hasard.... Tu ris, car tu ris toujours quand je parle de lui. Depuis six semaines que je ne l'avais vu, je l'ai trouvé grandi. Sais-tu que nous sommes nés le même mois.... A propos.... où l'imbécile d'auteur du conte moral que tu m'as envoyé a-t-il pris qu'il fallait que le mari eût au moins quinze ans de plus pour être toujours du même âge que sa femme ? c'est à coup sûr l'ouvrage de quelque oncle ou de quelque tuteur qui voulait épouser sa pupille.

Voilà Albert qui vient prendre ma lettre. Mais, avant de finir, que veux-tu dire, Cécile, lorsque tu me recommandes de ne plus faire endêver ces dames ? Quelqu'un t'aurait-il raconté l'aventure du dortoir ? Voyez le grand mal, quand on ne dort pas, d'éveiller un peu les autres ! Bientôt, en vérité, il ne sera plus permis de s'amuser aux dépens de qui que ce soit ! Eh, mon Dieu ! mon Dieu ! quelle tristesse ! Tu sais si je t'aime.... et si quelque autre.... fût-ce même.... peut espérer de balancer Cécile dans le cœur de Pauline !

LETTRE V.

MADAME DE CLÉNORD A MADAME DE NEUVILLE.

Beauvoir, 1786.

Anatole est ici depuis deux jours, ma bonne amie. Tu trouveras que j'ai bien tardé à te donner cette bonne nouvelle. Mais après dix ans de séparation, est-ce trop de deux jours pour se voir, s'embrasser, se questionner? Rien ne peut égaler ma joie, si ce n'est celle de notre respectable père. Il ne peut se lasser de regarder ce fils qu'il a cru ne jamais revoir; et tu rirais des distractions où son bonheur le plonge. Il lui est arrivé déja deux ou trois fois d'oublier qu'il est en compagnie, de traverser le salon et d'aller se jeter au cou de son fils avec un attendrissement si brusque, qu'on est toujours tenté d'en rire avant de le partager.

Nous avons tué le veau gras pour le retour de cet enfant prodigue, et depuis son arrivée c'est une fête perpétuelle dans notre canton. Tu sais combien Anatole était aimé dans ce pays, où, tout jeune qu'il était avant son départ, il avait déja su se concilier l'affection générale.

Si mon cœur n'eût été plus clairvoyant que mes yeux, j'aurais eu de la peine à le reconnaître. Imagine-toi voir entrer un grand jeune homme de cinq pieds six ou sept pouces, le teint brun, l'air noble, le regard tout à-la-fois doux et fier, et figure-toi la surprise de quelqu'un qui n'ayant calculé ni les effets du temps, ni ceux des folies et des voyages, s'imaginait retrouver son frère tel qu'il était parti, les roses de l'adolescence sur les joues, l'expression de la joie dans tous les traits et le rire habituellement sur les lèvres.

Sa figure, comme tu le vois, est bien changée : son caractère l'est davantage. Ce n'est plus cet aimable écervelé, si léger, si inconséquent, si déraisonnable, dont les passions éteignaient quelquefois l'excellent naturel. Instruit par l'âge et l'expérience, il est sage, sensé, modeste ; en un mot, mon ange, tout ce que notre bonne mère nous avait prédit qu'il serait un jour. Que n'a-t-elle vécu pour voir réaliser sa prédiction !

Tu aurais beaucoup ri de sa surprise en voyant Cécile : il paraît lui avoir conservé le tendre attachement qu'il avait pour elle dans son enfance. Depuis notre départ de Paris, l'éducation de ma fille a été négligée sur bien des points ; Anatole veut remplacer tous les maîtres qui nous manquent à la campagne, et je suis bien sûre que son écolière lui fera honneur.

Je crains, ma bonne amie, que M. de Clénord n'ait formé le projet d'unir sa fille au comte de Montford. J'en avais déja quelque soupçon avant le départ de mon mari; et depuis, les fréquentes visites du comte, quelques mots qui lui sont échappés chez le président d'Amercour, sont venus confirmer ces idées. Cela me chagrinerait beaucoup. Je n'aime ni les mœurs, ni la réputation de cet homme : ma fille fait mieux, elle déteste sa personne. Je sais tout ce que le poids d'une grande fortune et d'un grand nom peut balancer d'objections dans l'esprit de mon époux. Je sais combien il exige d'obéissance à ses volontés; mais tant qu'il dépendra de moi, ma fille, quoi qu'il puisse arriver, ne sera point une nouvelle victime de l'orgueil et de l'ambition.

Je t'ai dit combien, depuis quelque temps, la santé de cette fille chérie me cause d'inquiétudes : naturellement mélancolique, elle devient chaque jour plus rêveuse; elle cherche la solitude, et la société de sa mère est la seule qui ne lui soit pas encore importune. Je me suis dit tout ce que tu pourrais me dire afin de me tranquilliser, et je n'ai pas réussi. Quoi qu'il en soit, l'arrivée de son oncle paraît avoir fait diversion à sa tristesse.

Césane a ramené des Indes un ami dont il parle comme d'une des sept merveilles. Nous en jugerons bientôt, car il doit arriver ici, quand il aura terminé quelques affaires de famille qui le retiennent à Rennes. A propos, mon frère m'a fait part d'un singulier projet; mais les vieilles femmes disent que cela porte malheur de préparer un événement de trop loin.... et puis.... et puis.... Je t'embrasse de cœur, ma bonne amie, et je desire doublement le retour du mois de juin, puisqu'il nous ramènera le printemps et ma sœur; tous deux sont également nécessaires à ma santé qui s'altère depuis quelques mois. Anatole me charge de te dire qu'il ne veut pas t'écrire, mais te voir. Je ne sais pourtant pas quand nous pourrons nous décider à le laisser partir.

LETTRE VI.

ANATOLE DE CÉSANE A CHARLES D'ÉPIVAL.

Beauvoir, 1786.

O mon cher Charles, toi qui partageas si long-temps mes maux et mes dangers, hâte-toi de venir partager mon bonheur : viens voir un spectacle, dont tu es si bien fait pour sentir tout le prix, celui d'une famille charmante, où se trouvent réunis tous les biens épars sur la terre; viens voir la vieillesse honorée, l'amour maternel récompensé par la piété filiale, et les vertus, les talents et les graces formant un cortége à la beauté modeste.

Depuis huit jours que j'habite ce séjour de délices, j'ai peine à me rendre compte de la révolution qui s'est faite en moi. Il me semble que je ressuscite dans un monde nouveau, et que mon amitié est le seul souvenir que j'aie conservé de ma première existence. Tu as raison, toujours raison, mon ami, il faut, quoi qu'on fasse, remonter à la nature pour arriver au bonheur. Qui m'eût dit, il y a deux ans, qu'après l'avoir cherché avec tant de fracas et si peu de succès sur les pas du plaisir et de la gloire, je le trouverais au fond d'une campagne, entre ma sœur et mon père, et qu'après avoir long-temps éparpillé ma vie sur le globe, j'entrerais au port sur les débris de mon naufrage.

. Nous différons quelquefois en fait d'opinions, jamais en fait de sentiments; je suis donc bien sûr que tu te plairas dans ma famille, mais je ne le suis pas autant que notre habitation soit aussi agréable à tes yeux qu'aux miens: tu vas en juger.

Beauvoir est un de ces châteaux antiques comme on en voit encore plusieurs aux environs de la Loire. C'était le séjour des ancêtres de ma mère, dont la famille est une des plus anciennes de la province. La mort du dernier mâle de cette maison fit tomber cet héritage dans notre famille, l'année même de ma naissance, et c'est dans ce lieu que je vins au monde; première raison pour le trouver charmant. Le château est situé dans une vallée au milieu de cette forêt de Russy, l'une des plus antiques et des plus belles de France; ses grands bois le déroberaient à tous les regards, si les longues flèches dont il est surmonté ne l'emportaient en hauteur sur les plus hauts arbres de la forêt. Une longue allée tortueuse conduit du grand chemin au château qu'elle aborde par un côté, et descend ensuite en ligne droite jusqu'à la Loire qui baigne la muraille dont le parc est enclos. Je doute que tu regrettes, comme bien des gens, la vue de la grande route. Que gagne-t-on à se mettre en évidence, et pourquoi chercher à fixer sur l'asile du bonheur l'œil de l'indifférence, de l'envie, ou de la misère? Le bâtiment et les jardins sont environnés d'un large fossé d'eau vive, et l'on n'y peut pénétrer que par deux ponts-levis, dont l'un donne dans la forêt, et l'autre sur le chemin d'entrée. Tu n'aimes pas le genre descriptif; je ne veux donc pas t'ennuyer de la description intérieure de ce gothique édifice; qu'il te suffise de savoir que l'on a respecté autant qu'il a été possible, dans les changements qu'on a été obligé d'y faire, les décorations antiques qui sont autant de monuments à la gloire des fondateurs. Là jadis le pauvre s'asseyait à la porte, et bénissait la main libérale qui s'ouvrait toujours pour le secourir; le pèlerin qui s'était reposé sous son porche ne perdait jamais le souvenir du châtelain de Beauvoir. Mon père, qui, depuis la mort de sa femme, n'habite plus ce lieu, a déterminé ma sœur et son mari à y fixer leur séjour, et j'espère qu'incessamment j'y verrai réunis tous les objets de mes affections.

La forêt a quinze ou vingt lieues de circuit, et le gibier y abonde; mais, dans l'absence de M. de Clénord, il y est fort tranquille. Je n'ai jamais pu concevoir le plaisir que l'on pouvait trouver à signaler son réveil par le massacre de quelques uns de ces paisibles animaux que j'envisage comme des hôtes aimables, envers lesquels le chasseur viole impitoyablement les droits de l'hospitalité. Je sais bien tout ce qu'on peut me répondre de raisonnable à ce sujet; mais j'ai pour habitude de ne pas revenir sur une décision de mon cœur. Le jardin est agréable et spacieux : au bout du potager se trouve un petit pont de deux ou trois planches qui conduit dans un taillis séparé de la forêt, et dont l'entrée secréte est pratiquée dans l'épaisseur du fossé profond qui l'entoure ; c'est dans ce lieu que se trouve la sépulture où reposent mes ancêtres maternels. J'ai déja payé le tribut de mes larmes sur la tombe d'une mère adorée qui ne regrettait en mourant que le dernier baiser de son fils.... Mais éloignons un moment ce souvenir d'une éternelle douleur; pour supporter la perte d'une mère, j'ai besoin de me souvenir qu'il me reste un ami.

LETTRE VII.

CHARLES A ANATOLE.

Rennes, 1786.

Tes lettres, mon ami, ont fait un moment diversion à l'impatience que j'ai de te voir, en me faisant partager tes plaisirs; mon cœur s'est mis à la place du tien, je n'ai pas perdu la moindre des impressions que tu as ressenties. Te voilà, mon cher Anatole, à la source de ce bonheur après lequel tu cours depuis si long-temps; tu le cherchais bien loin, il t'attendait sous le toit paternel.

A la lecture de ta dernière lettre, j'ai été tenté de faire un feu de joie de toutes les paperasses de mon procès, et de planter là juges, notaires, et procureurs, pour t'aller joindre quelques semaines plus tôt; mais mon frère m'a tant répété qu'en abandonnant mes affaires dans l'état où elles sont, je compromettrais non seulement mes propres intérêts, mais ceux de toute ma famille, qu'il a bien fallu me rendre à ses raisons. Je voudrais du moins pouvoir fixer l'époque précise où je partirai d'ici; mais cela dépend de tant de circonstances indépendantes de ma volonté, que je ne puis encore te rien dire de positif; ce que je sais c'est que Victor, qui s'y connaît, m'assure que cela ne peut être long. Sans lui, je ne serais jamais sorti de ce dédale, et je vois qu'il est bon, quand on plaide, d'avoir un conseiller au parlement pour frère. Au demeurant, je me trouve beaucoup plus riche que je ne croyais, grace à deux ou trois successions qui sont venues grossir mon patrimoine.

A propos de succession, je te dois le récit d'une petite aventure qui vient de m'arriver. J'ai bien entendu dire que c'était gâter une bonne action que d'en être à-la-fois l'auteur et l'historien; mais ce n'est pas la publier que d'en faire part à son ami, c'est s'en rendre compte à soi-même.... Le courrier dart; je suis forcé de remettre mon récit à un autre jour.

P. S. Tu m'as fait la description du château de Clénord; mais tu as passé un peu légèrement sur le portrait des habitants; je te préviens que je ne fais cas du plus beau paysage, qu'autant qu'il est animé par des figures.

LETTRE VIII.

MADAME DE CLÉNORD A MADAME DE NEUVILLE.

Beauvoir, 1786.

Puisque je ne puis raisonnablement espérer de te voir avant la fin du mois prochain, et que mon père et moi nous ne voulons pas permettre à Anatole d'aller te trouver à Paris, il est juste, pour te faire prendre patience, de t'entretenir de notre cher voyageur : je commence par le récit de l'étonnante aventure qui a formé entre lui et le chevalier d'Épival les nœuds d'une amitié dont je doute que l'on puisse citer un second exemple dans nos temps modernes.

Ne sois pas étonnée de me voir aussi savante en termes de géographie et de marine ; j'ai mon dictionnaire auprès de moi.

HISTOIRE DES DEUX AMIS.

Au mois de mars 1783, le chevalier d'Épival, maître de sa fortune avant l'âge de vingt ans, était parti de l'Ile-de-France, sa patrie, sur un vaisseau qu'il avait frété lui-même pour se rendre à Surate, où l'appelait le desir d'acquérir des connaissances nouvelles sur les mœurs et les usages asiatiques dont il a fait une étude particulière : son vaisseau eut le malheur d'être rencontré par des pirates dont la côte de Malabar et le golfe Persique sont infestés. Le courage fit tête au nombre pendant quelque temps ; mais après le combat le plus sanglant et le plus opiniâtre, où l'on vit un petit bâtiment armé de six pièces de canon et de trente hommes d'équipage se défendre trois heures contre quarante barques montées par plus de huit cents hommes, les deux tiers de l'équipage étant morts ou blessés, il fallut se rendre. Les pirates vainqueurs emmenèrent leur prise dans un petit port sur le territoire de la nation maratte à laquelle ils appartenaient ; tout ce qui avait échappé au fer de l'ennemi fut réduit en esclavage : ces pirates se partagèrent la cargaison et les prisonniers. Charles, que le rang qu'il tenait à bord et son courage pendant l'action avaient fait distinguer, échut en partage au chef des forbans, qui le fit conduire en captivité dans son habitation, à vingt-cinq ou trente lieues dans les terres. Il y fut réduit à la condition d'esclave, dans la compagnie d'une douzaine de malheureux des différentes contrées de l'Asie, au milieu desquels il se trouvait plus isolé qu'au fond d'un désert, n'ayant avec eux aucun rapport de couleur, de patrie, d'habitude ni même de langage : il fut employé comme eux aux travaux les plus pénibles, sous la conduite de plusieurs surveillants marattes, de la brutalité desquels il avait beaucoup à souffrir. Il y avait cinq mois qu'il languissait dans cette cruelle position, sans avoir reçu de nouvelles de sa famille, à laquelle il avait écrit pour qu'on lui fît passer cinq mille pagodes, c'est-à-dire environ trente-six mille francs de notre monnaie, que son maître exigeait pour sa rançon. Lorsqu'il calculait tous les obstacles que la guerre qui existait alors entre les puissances européennes devait apporter à sa correspondance, et combien peu d'apparence il y avait qu'aucun secours, aucun avis même le vînt déterrer dans cet affreux séjour, tout son sang-froid et toute sa philosophie avaient beaucoup de peine à le préserver du désespoir. Il en était à méditer sur les moyens de se soustraire ou par la fuite ou par la mort à cette intolérable condition, lorsqu'une rencontre aussi heureuse qu'imprévue lui fit abandonner son projet et changea sa destinée.

Un matin que Charles était employé avec plusieurs autres esclaves à transporter des briques d'un lieu dans un autre, il vit un palanquin qui s'avançait vers lui. Par un mouvement de curiosité assez naturel à quelqu'un qui, depuis cinq mois, n'avait vu de figure humaine que celles de ses compagnons d'infortune et de ses maîtres, il s'arrêta pour voir passer le voyageur qu'il reconnut à son uniforme pour un officier français : cet officier, c'était Anatole, qui de son côté ne fut pas moins surpris de rencontrer, sous la livrée de la misère et de l'esclavage une figure qui contrastait d'une manière aussi frappante avec le lieu, l'état, la société où elle se trouvait. Il fit arrêter ses porteurs, et s'approchant de Charles qui restait immobile, ses briques sur la tête, il lui demanda en anglais s'il se trompait en le jugeant Européen. Le chevalier lui répondit dans la même langue qu'il était Français. « Mon compatriote!» s'écrie Anatole en sautant à son cou et en l'embrassant à plusieurs reprises; et sur-le-champ il s'informe des circonstances malheureuses qui avaient pu le réduire à cette cruelle extrémité. Charles en peu de mots le met au fait de ses aventures, et, par la grace de sa narration et les manières distinguées qui l'accompagnent, ajoute un nouveau degré d'intérêt à celui que ses malheurs inspirent. De la compassion, Anatole passe en un moment au desir d'être utile, et ce desir devient un besoin pour un cœur entraîné par l'instinct d'une sympathie secrète qui agit à leur insu. Il se fait conduire au chef de l'habitation et lui demande, par l'intermédiaire d'un des gens de sa suite, la liberté d'entretenir pendant le reste du jour l'esclave européen qu'il dit être son ami. Le Maratte met un prix à cette faveur.

5.

Charles conduit son compatriote dans la case qu'il s'était construite lui-même, et après avoir satisfait sa curiosité sur ses propres aventures, il lui témoigne le desir d'apprendre quel heureux hasard l'a conduit lui-même dans ces lieux écartés.

« Voici mon histoire en deux mots, répondit Anatole. Il y a sept mois que je m'embarquai à Pondichéry, ayant sous mes ordres cent cinquante hommes de mon régiment, que l'on destinait à renforcer un de nos établissements sur la côte de Malabar, que l'on croyait menacé. La contrariété des vents et leur violence nous firent manquer notre destination : nous fûmes jetés dans des parages où nous rencontrâmes une frégate anglaise qui, profitant de la supériorité de sa marche et de sa force, nous eut bientôt mis dans la triste nécessité de nous rendre. Quelle résistance pouvions-nous opposer sur une barque armée de quelques pierriers contre une frégate de trente-six? Je crus néanmoins devoir à l'honneur du pavillon de ne pas l'amener sans une décharge de notre artillerie, ce qui nous valut de la part de l'ennemi une riposte qui faillit nous couler bas, et qui nous blessa sept hommes au nombre desquels je me trouvai. Nous fûmes pris et conduits à Bombay. Un mois après, on fit partir mes compagnons pour Madras; la blessure qui me retenait au lit ne me permettait pas de les suivre. Pendant six mois que je passai dans cette colonie anglaise, j'eus beaucoup à me louer du gouverneur, qui me prodigua tous les secours et tous les témoignages d'intérêt que l'on peut attendre d'un ennemi généreux. Le colonel Meadews, c'est le nom du gouverneur, eut même assez de confiance en moi, lorsque je fus guéri, pour me rendre ma liberté, après avoir reçu ma parole d'honneur de ne point servir contre sa nation et ses alliés, avant qu'un échange de prisonniers ne m'eût réintégré dans mes droits. Libre de disposer de moi, je pris le parti de retourner à Pondichéry, à bord d'un vaisseau neutre qui se trouvait en ce moment à Bombay. Un voyage qu'il devait faire à Surate avant de se rendre à la côte de Coromandel, ne me fit pas changer de projet. Après avoir pris congé, les larmes aux yeux, du généreux commandant anglais, et avoir reçu de lui tous les secours dont je pouvais avoir besoin, je me suis embarqué à bord du vaisseau danois la Fortune (la bonne fortune sans doute, puisqu'elle m'a conduit ici). Il y a dix-huit jours aujourd'hui, un coup de vent nous ayant enlevé nos mâts, le capitaine prit le parti de relâcher dans une baie assez commode de cette côte, la même où vous ont débarqué vos pirates. Nous y mouillâmes avant-hier, et les réparations de notre bâtiment demandant cinq ou six jours de travail, j'ai pris ce temps pour visiter l'intérieur du pays. Je rends grace au ciel de ma curiosité, puisque je lui dois le plaisir bien inattendu de vous rencontrer dans cette solitude. »

Pendant le repas qu'Anatole avait fait préparer par ses gens, nos deux jeunes Français, aussi liés après quelques heures de connaissance qu'ils le sont aujourd'hui après plusieurs années, achevèrent de s'instruire mutuellement de toutes les circonstances de leur histoire. « Maintenant, dit le voyageur, venons au fait : quels sont vos moyens de vous tirer d'ici? car je n'entends pas vous abandonner dans cette affreuse situation. — Je n'en ai d'autres, répondit Charles, que ceux auxquels j'ai déja eu recours, mais sans succès : j'ai écrit à l'Ile-de-France pour qu'on m'envoyât la somme que mon pirate exige pour ma rançon; et cette somme est de trois mille pagodes. Depuis cinq mois, je n'ai reçu aucune nouvelle de chez moi. — Il faut abandonner toute négociation par écrit, reprit Anatole : il est probable que de vingt lettres, dans l'état actuel des choses, il n'en parviendrait pas une à votre famille, et il y aurait tout aussi peu de chances en faveur des réponses. Si j'avais la somme que ces coquins exigent, nous ne perdrions pas le temps à discourir; mais toute ma fortune du moment ne s'élève pas à cinq cents pagodes; il faut donc chercher des secours étrangers. Connaîtriez-vous quelqu'un à Surate? » Charles se ressouvint avec des transports de joie qu'il y avait dans cette ville une maison de l'Ile-de-France, établie depuis quelques années, de laquelle il devait être connu : il écrivit; Anatole se chargea de remettre la lettre et d'apporter lui-même la réponse. Nos deux jeunes Français se séparèrent avec les marques de la plus vive amitié : Anatole fit serment à son nouvel ami d'être de retour avant un mois, quelque chose qui pût arriver, et le força d'accepter tous les secours que sa position lui permettait de lui offrir; il engagea le patron par des présents à traiter son esclave avec quelques égards.

Mon frère, arrivé à Surate, s'informe en débarquant de la personne à laquelle Charles l'avait adressé : il apprend que depuis deux mois elle est en route pour se rendre en France. Ce coup lui fut aussi sensible qu'il devait l'être à son ami lui-même : il épuisa vainement toutes les ressources de son esprit, pendant quelques jours qu'il passa dans cette ville, pour se procurer les fonds nécessaires à la rançon de Charles. Quelle confiance pouvait inspirer, dans des lieux où il se trouvait absolument étranger, un jeune officier de vingt ans, prisonnier des Anglais? Le vaisseau danois sur lequel il était embarqué devait partir dans deux jours; à quoi se résoudre? Après avoir mûrement réfléchi sur ce qu'il avait à faire, il s'arrête au parti que lui dicte son cœur. Au lieu de suivre sa destination, il laisse partir son vaisseau et s'embarque le lendemain sur une pirogue indienne pour rejoindre son cher prisonnier. Au moment de mettre à la voile, il avait appris qu'on chargeait à Surate un bâtiment neutre, dont la destination était pour l'Ile-de-France. Cette circonstance l'affermit dans la résolution vraiment sublime qu'il avait formée; il arrive auprès de son ami, et sans lui donner le temps de l'interroger : « La personne sur laquelle vous comptiez à Surate était partie depuis deux mois, lui dit-il; cependant j'ai trouvé un moyen pour vous tirer d'esclavage; mais avant de vous le communiquer, j'exige votre parole d'honneur que vous ne vous refuserez pas à l'exécution. » Charles, tout entier à l'espérance de voir briser ses fers, et ne pouvant soupçonner à quel prix il allait mettre sa liberté, ne balança pas à s'engager par le serment qu'on exigeait de lui.

« Maintenant, écoutez-moi sans m'interrompre, reprit Anatole, et n'oubliez pas que vous n'êtes plus maître de reculer. Dans quinze jours, au plus tard, un bâtiment neutre part de Surate pour l'Ile-de-France : la barque qui m'a conduit ici vous attend; allez joindre ce vaisseau; vous y prendrez votre passage; trois semaines de bon vent vous rendront à votre famille, où vous prendrez la somme nécessaire à votre rançon : le même vaisseau vous ramènera, en moins de deux mois, au port dont vous allez partir, et vous viendrez me retrouver ici où je vais rester en otage. »

Il serait trop long et trop difficile, ma bonne amie, d'essayer de te peindre les scènes touchantes auxquelles donna lieu cette proposition d'Anatole. Tu connais maintenant les deux personnages, et tu peux te faire une idée des combats de générosité, de courage, de reconnoissance dont elle fut l'occasion : il suffira de te dire qu'après deux jours de persécution d'une part et de résistance de l'autre, après une longue discussion des changements qu'on pouvait apporter à ce projet, des chances qu'il pouvait offrir, et dont la défaveur était toute du côté d'Anatole, voyant ce dernier irrévocablement résolu de ne point abandonner ces lieux, et d'y partager les fers de son ami s'il ne pouvait les rompre, Charles consentit enfin à ce cruel échange. Il fut proposé sur-le-champ au patron, et mon frère trouva le moyen de faire agréer une proposition qui n'avait d'ailleurs aucun inconvénient à ses yeux. Anatole prit gaiement possession de sa charge d'esclave, et remit à Charles, avec ses droits à la liberté, les moyens d'en faire usage. Enfin ils se séparèrent.

Tu peux t'imaginer si les adieux furent tendres, s'ils furent arrosés de larmes, si Charles s'arracha sans effort des bras du bon jeune homme qu'il laissait en proie à tous les maux dont il avait fait lui-même une si douloureuse expérience.

La fortune voulut réparer ses torts ; elle accompagna l'un dans son voyage, et adoucit la condition de l'autre dans les fers. Charles au bout de soixante-douze jours fut de retour auprès de son ami, qu'il fut bien surpris de retrouver libre et honoré dans les mêmes lieux où il l'avait laissé esclave. Peu de jours après leur séparation, la province dans laquelle se trouvait Anatole, et dont le maître était un des principaux habitants, fut envahie par une nation voisine. Le maître d'Anatole, qui avait eu plus d'une occasion de s'apercevoir de son adresse à manier les chevaux et les armes, lui proposa de le suivre à l'armée, et lui promit sa liberté à la fin de la campagne, s'il était content de ses services. Mon frère ne balança point à saisir l'occasion qui s'offrait d'abréger sa captivité : il ne tarda pas à se faire distinguer de ses chefs par ses talents et par son courage ; on lui confia le commandement d'un corps de cavalerie à la tête duquel il remporta des avantages signalés, dont le résultat fut de chasser l'ennemi du territoire maratte et de porter la guerre sur le sien. La campagne terminée glorieusement, non seulement Anatole avait obtenu sa liberté, mais il était devenu un homme important dans un pays où les vertus militaires sont les seules dont on fasse cas. Je te laisse à penser de combien de plaisirs la réunion de nos deux amis fut la source ! Ils abandonnèrent, avec un sentiment mêlé d'amertume et de joie, des lieux où ils avaient connu l'infortune et l'amitié. Depuis ce moment, Charles et Anatole ne se sont plus quittés, et c'est de cette époque que date un attachement aussi rare que l'événement qui l'a produit.

Ma main est fatiguée, et je remets à un autre jour la continuation de l'histoire de notre général maratte, qui est bien fâché de t'embrasser de si loin.

LETTRE IX.

ANATOLE DE CÉSANE A CHARLES D'ÉPIVAL.

Beauvoir, mars 1786.

Je t'ai mis à-peu-près au fait du manoir que tu dois habiter; maintenant, mon cher Charles, il faut te dire deux mots de l'emploi de mon temps. Tu juges bien que les deux ou trois premiers jours de mon arrivée se sont écoulés sans trop savoir comment. Depuis que j'ai commencé à me reconnaître, je me lève à huit heures, et, malgré la rigueur de la saison, je vais régulièrement avec Albert prendre l'air sur le bord de l'eau : nous rentrons à neuf heures; c'est le moment où Cécile, qui devance ordinairement sa mère, descend pour préparer le thé. Quand mon père et ma sœur sont levés, ce qui n'arrive guère avant dix heures, nous déjeunons, et ce temps est celui que mon père emploie le plus volontiers à discuter les intérêts des princes de l'Europe, et à nous prouver, la carte à la main, que l'on a eu tort de céder le Canada aux Anglais. Nous l'écoutons avec plaisir, parceque cette conversation l'amuse. Le déjeuner fini, je deviens précepteur, et je donne des leçons à Cécile sur quelques branches de la philosophie moderne mises à sa portée; je lui enseigne aussi un peu d'anglais, et à son tour elle me montre l'italien. La matinée s'écoule dans ces douces études, où ma jeune écolière fait des progrès qui font moins d'honneur à son maître qu'à son intelligence et à son application. A deux heures, ces dames se mettent à leur toilette, et moi je m'enferme dans mon cabinet pour écrire à mon ami ou pour m'occuper de lui : nous dînons à quatre heures. Quelques voisins se rassemblent au château assez ordinairement dans la soirée; chacun s'amuse ou s'occupe suivant son goût. Tu connais mon aversion pour le jeu et mon peu de goût pour ces conversations insignifiantes, dont les interlocuteurs seraient condamnés à se taire si l'on convenait à l'avance de ne parler ni de la pluie ni du beau temps. Cécile, qui n'aime pas plus que moi qu'on *tue le temps* qu'on peut employer, donne à la lecture ou à la promenade celui que les autres consument autour d'une cheminée ou d'un tapis vert. Nous lisons ou nous nous promenons assez souvent ensemble, et c'est dans les conversations dont nos promenades nous fournissent le texte, ou dans les réflexions auxquelles nos lectures donnent lieu, que j'ai souvent eu l'occasion de m'assurer que le cœur et l'esprit de cette enfant sont en harmonie parfaite avec la plus jolie figure du monde. Je suis oncle, mon cher Charles, et ce titre respectable, et même un peu sec, doit écarter de mon jugement toute idée de partialité; ainsi tu peux m'en croire sur des observations bien désintéressées, et d'ailleurs tu verras par tes yeux, et tu me diras si l'enthousiasme de la parenté entre ici pour quelque chose.

La société habituelle de madame de Clénord est peu nombreuse; elle se borne à la famille de M. d'Amercour, ancien président au parlement de Paris, dont le château n'est éloigné que d'une petite lieue de Beauvoir, et dont une des filles, actuellement au couvent à Blois, est intime amie de Cécile. Un vieux militaire retiré du service et fort aimable, à sa loquacité près, est encore un de ceux qui viennent habituellement ici: mon père en fait le plus grand cas, et tire un merveilleux parti de son talent à narrer les batailles et à jouer au piquet. De toutes les personnes qui sont reçues à Beauvoir à titre d'amis, je n'en vois qu'une dont la connaissance me paraisse dangereuse et peu faite pour la société de ma sœur; c'est un certain comte de Montford, homme de qualité, riche, spirituel, et d'une belle figure, lequel a trouvé le moyen d'être, avec son mérite, l'homme le plus désagréable que je connaisse. On lit sur sa physionomie combien il est content de lui, et sa conversation n'a jamais d'autre but que de faire partager aux autres l'affection particulière qu'il se porte. Il est vrai que cela lui réussit assez mal, car je ne vois personne, ici du moins, qui soit disposé à partager les illusions de son amour-propre : indépendamment de sa fatuité, je le crois un homme sans principes. Tu vas me demander comment il se trouve lié dans une maison où l'on a pour les êtres de cette trempe le plus profond mépris; tu concevras encore moins que M. de Clénord ait conçu la pensée d'unir sa fille à ce courtisan...... Non, Charles, ce mariage ne se fera pas, tu peux t'en fier à l'intérêt que je prends au bonheur de ma nièce..... Où cet homme a-t-il pris ces insolentes prétentions; et comment peut-il se persuader que sa figure, sa naissance, sa fortune, sont des titres suffisants pour prétendre à la main de Cécile? Après tout, si M. de Clénord persistait dans l'intention que ma sœur lui suppose, il aurait à combattre la répugnance de sa fille, qui me paraît très prononcée contre ce choix, le vœu de sa femme qui ne l'est pas moins, et mes représentations qui doivent être de quelque poids.

C'est demain jour de courrier de Bretagne; j'aurai sans doute de tes nouvelles : puisses-tu m'annoncer ton prochain retour! Que j'ai hâte de te revoir! je suis heureux; mais il manque à la plénitude de mon bonheur de pouvoir t'en parler à tous les moments du jour.

LETTRE X.

MADAME DE CLÉNORD A MADAME DE NEUVILLE.

Beauvoir, 1786.

Je t'ai raconté dans ma dernière lettre une aventure dont Anatole était le véritable héros ; c'est maintenant le tour du chevalier d'Épival de lui disputer le prix de l'amitié : tu l'adjugeras, si tu l'oses, après avoir entendu l'histoire bien plus tragique dont mon frère exige que je te fasse le récit.

SUITE DE L'HISTOIRE DES DEUX AMIS.

Anatole et Charles, en quittant le pays des Marattes, s'étaient rendus à Pondichéry ; la paix venait de se faire, et cet établissement avait été rendu à la France. Peu de temps après, mon frère, par des motifs de convenance, avait passé du régiment où il servait dans la légion de Luxembourg, que les Hollandais avaient prise à leur solde. Ce nouvel arrangement l'obligeait de se rendre à Colombo, capitale de l'île de Ceylan, où son corps était en garnison; le chevalier l'y suivit. Il y avait près de quatre ans qu'ils y vivaient ensemble dans la plus douce et la plus étroite amitié, lorsqu'un événement aussi terrible qu'imprévu vint troubler le bonheur dont ils jouissaient. Quelques éclaircissements préliminaires sont indispensables à l'intelligence des faits qu'il me reste à te raconter.

Si les mœurs des jeunes officiers en France ne sont pas généralement d'excellents modéles, il me semble que c'est encore pis dans l'Inde, du moins à en juger par l'usage établi parmi ceux du régiment où servait alors Anatole. Il était reçu chez ces messieurs d'avoir chacun leur zénana (tu demanderas à Charles ce que ce mot signifie [1]). La composition n'en était ni difficile ni ruineuse au milieu d'un peuple à-peu-près sauvage, qui n'a point ou qui a peu d'idées des convenances sociales. Les plus sages étaient ceux qui ne multipliaient pas leurs torts en ce genre : Anatole était de ce nombre. Depuis un an, une très jeune Chingulaise [2] d'une rare beauté, du moins à en juger par le portrait que j'ai vu d'elle, embellissait la demeure de nos deux jeunes gens. L'exemple du vice n'avait point entraîné Charles; il tolérait les faiblesses de son ami et ne

---

[1] Appartement consacré aux femmes dans l'Indoustan.
[2] Nom des naturelles de l'île de Ceylan

les partageait pas. Formée par le commerce et les soins d'un jeune homme aimable, cette petite sauvage, pleine d'esprit et de graces, fixa bientôt sur elle les yeux de toute la colonie. Un lascar [1] en devint éperdument amoureux, et comme la délicatesse n'est pas une vertu sauvage, la liaison bien connue d'une jeune fille avec un officier français n'empêcha pas l'amoureux Chingulais de la demander pour épouse à son père. Celui-ci ne balança pas à accepter une proposition qui flattait à-la-fois son amour-propre et son intérêt. En conséquence, il vint signifier à sa fille le nouvel arrangement qu'il avait pris pour elle. Laméa, c'est le nom de la jeune Chingulaise, ne se rendit pas aux instances paternelles, et rien ne put la décider à quitter son amant. Sa résistance ne fit qu'accroître la passion du lascar, qui dès-lors ne rêva qu'aux moyens d'obtenir par la ruse ou par la force celle qu'il désespérait d'obtenir par toute autre voie. Ses premiers essais ne furent pas heureux, et lui attirèrent, de la part d'Anatole, un châtiment sévère. Loin de se décourager par le mauvais succès, notre homme mit la vengeance du parti de l'amour, et n'en devint que plus ardent à suivre son projet. Le hasard lui offrit une occasion qu'il ne laissa pas échapper. Le roi de Can-

---

[1] Garde chingulais attaché au gouverneur.

die[1] venait d'envoyer une brillante ambassade à Colombo pour y renouveler le traité d'alliance qui subsiste entre lui et la compagnie hollandaise des Indes. Il est d'usage que les ambassadeurs chingulais, pendant le temps de leur séjour sur les terres de la compagnie, aillent au moins une fois faire leur dévotion à une pagode[2] célèbre, située à deux lieues de Colombo. Le lascar fut instruit, par un des domestiques d'Anatole qu'il avait mis dans ses intérêts, que Laméa devait être du pélerinage, et, sur cet avis, il concerta le dessein funeste qu'il méditait depuis long-temps.

Le jour de la fête arrivé, Laméa, portée dans un palanquin, et escortée de mon frère, de Charles, et de deux jeunes officiers de leurs amis, se mirent en marche de très grand matin pour se rendre à la pagode. Nos quatre jeunes gens comptaient mettre à profit pour la chasse le temps que la jeune Chingulaise passerait en prières; en conséquence ils s'étaient munis chacun d'un fusil. Ils arrivèrent au temple de *Bodou*[3], où Laméa et les domestiques

---

[1] Candie est la capitale d'un royaume de ce nom dont le monarque était souverain de l'île entière, avant que les Européens se fussent emparés des côtes de Ceylan : il était alors tributaire de la compagnie hollandaise.

[2] Temple indien.

[3] Dieu des Chingulais.

chingulais furent seuls introduits. L'usage ne permet à aucun profane l'entrée des pagodes indiennes. La curiosité, et peut-être un pressentiment de ce qui devait arriver, décidèrent Anatole et Charles à ne point quitter les environs de la pagode; les deux autres Français s'écartèrent dans les bois. Il y avait une heure environ que Laméa s'était séparée d'eux; les ambassadeurs étaient sortis, la cérémonie était achevée, elle ne revenait pas; nos deux amis commencèrent à craindre quelque malheur: le doute fit bientôt place à la certitude. Un domestique accourt tout effrayé, et annonce qu'on ne veut pas laisser sortir Laméa; que les prêtres, à la sollicitation de son père et du lascar, qui l'ont saisie dans la pagode, ont résolu de la retenir dans ce lieu. Anatole, transporté de fureur, court, et, sans vouloir rien entendre, il se précipite dans l'intérieur du temple, renversant tout ce qui s'oppose à son passage; Charles le suit. Les gémissements de Laméa leur indiquent sa retraite; ils y volent; et, sans respect pour le sanctuaire de *Bodou*, pour le caractère des ravisseurs, qui crient à la violation du lieu saint, ils l'arrachent aux mains qui la retiennent. Un seul homme, c'était un prêtre, veut s'opposer à leurs efforts; d'un coup de crosse de fusil Anatole le renverse. Leur courage impose à la foule qui les environne; ils sont parvenus à sortir de l'enceinte de la pagode, mais ils ne sont pas hors de danger. Au bruit d'une espèce de cor, signal de périls éminents, tous les Chingulais de l'aldée¹ se rassemblent en armes. Le lascar et le prêtre blessé sont à leur tête; on poursuit nos fugitifs. Seuls, ils se fussent aisément échappés; mais obligés de porter alternativement dans leurs bras Laméa, que l'effroi avait presque entièrement privée de l'usage de ses sens, ils sont atteints sur le bord d'une petite rivière qui sépare le territoire de Candie de celui des Hollandais. Charles, qui parlait quelques mots de la langue du pays, voulut en vain essayer de calmer cette multitude forcenée; on lui répondit par l'épouvantable cri d'*amock*², qui ne leur laissa d'autre espoir que de vendre chèrement leur vie. Dans cette position désespérée, Charles, Anatole, et les deux autres jeunes gens qui les avaient rejoints, placèrent Laméa au milieu d'eux, s'adossèrent à la rivière, et couchèrent en joue la foule qui les environnait. Rien de plus lâche que les naturels de cette île; au nombre de douze ou quinze cents contre quatre; armés

---

¹ Bourg, village.

² C'est un mot de la langue malaise, qui signifie *carnage*: les Malais, ivres d'opium, sont quelquefois saisis d'une espèce de frénésie, pendant laquelle ils poignardent, en jetant ce cri, tout ce qui se trouve sur leur passage.

de cryts [1], de zagaies [2], ils craignaient d'engager de près le combat, et se contentaient d'assaillir de loin les Français à coups de pierres. Anatole, s'apercevant que son ami venait d'être blessé, ne fut plus maître de se contraindre, et, n'espérant plus de salut que de son désespoir, il courut sur cette troupe d'assassins, et déchargea sur eux presque à bout portant son premier coup de fusil : l'effet en fut terrible, mais ne fit qu'accroître le danger. Charles, qui se trouvait alors éloigné du rivage, et séparé de son ami, se voit entouré de tous côtés, et réduit à faire usage de son dernier feu, il n'a plus à opposer aux nombreux ennemis qui l'assaillent de toute part qu'une courte baïonnette, dont il se sert avec un courage héroïque. Au milieu des dangers qui l'environnent, et déja blessé en plusieurs endroits, il ne songe qu'à son ami; ses efforts pour le joindre sont inutiles, il allait succomber. Anatole accourt tout sanglant, armé d'un cryt qu'il a pris à un Chingulais, et parvient à se faire jour jusqu'au lieu où Charles un moment plus tard allait perdre la vie. Il était renversé par terre; un Chingulais levait le bras pour le frapper de sa hache; Anatole l'étend mort à ses pieds. Charles se relève, et les quatre

---

[1] Poignards.
[2] Lances.

officiers Français parviennent à regagner la rivière. Un spectacle affreux les y attendait. Au lieu de Laméa qu'Anatole avait laissée sur le rivage pour voler au secours de Charles, ils ne trouvent que les lambeaux de ses vêtements; un moment après ils la découvrent se débattant au milieu du fleuve entre les bras de l'infame lascar qui cherche à gagner avec elle l'autre rive. A cette vue Anatole s'élance dans l'eau, les trois jeunes gens le suivent; Laméa qui s'aperçoit que l'on vient à son secours, redouble d'efforts pour arrêter la fuite de son ravisseur; Charles, meilleur nageur que les autres, est au moment de l'atteindre; le désespoir s'empare de l'ame du monstre, il saisit la malheureuse Laméa, et d'un bras désespéré lui plonge dans le cœur le poignard qu'il tient à la main : Charles, dont les cris n'ont pu prévenir le crime de ce scélérat, arrive assez tôt pour le punir; il le désarme et l'étouffe sous les eaux qu'il vient d'ensanglanter.

Je ne puis prendre sur moi de m'appesantir davantage sur les détails de cette affreuse catastrophe. Anatole, dans la fureur dont il était transporté, voulait repasser la rivière et se jeter sur les Chingulais qui assiégeaient le rivage : ses camarades l'entraînèrent. Ils se croyaient en sûreté, lorsqu'ils eurent mis le pied sur le territoire hollandais, et furent bien surpris de s'y voir arrêter, au nom du gouverneur[1], par un détachement de soldats hollandais qui les conduisirent dans la prison civile qu'on appelait le Prevôt, où on les déposa.

Charles qui se trouvait à quelques pas en arrière, au moment où les soldats arrêtèrent Anatole et ses camarades, eut la présence d'esprit de calculer, au premier coup d'œil, de quel avantage il pouvait être pour son ami qu'il conservât sa liberté ; il rentra dans la ville où l'on ignorait la part qu'il avait eue à cette malheureuse aventure, dont le fanatisme s'empara pour en faire un crime d'état au premier chef.

Les ambassadeurs du roi des Chingulais, sollicités par les prêtres de la pagode, exigèrent de la lâcheté du gouverneur hollandais, qu'on remît entre leurs mains les trois jeunes officiers du régiment de Luxembourg ; pour être livrés, à Candie, au supplice horrible qui devait expier leur sacrilége.

La vie d'un homme, chez la nation avare et mercantile que mon frère servait alors, ne se dispute pas aussi long-temps qu'une tonne de poivre ou de cannelle ; le gouverneur se préparait à livrer ses victimes : mais Charles, instruit de tout ce qui se passait, avait déjà pris ses mesures pour les arracher des mains de leurs bourreaux. Je suis obligée de

[1] Vander-Graft.

passer sous silence les détails intéressants du séjour d'Anatole dans sa prison, et des ressorts que le chevalier mit en jeu pour communiquer avec lui.

A force d'argent et de soins, Charles parvint à s'assurer d'un petit bâtiment anglais qui se trouvait en rade; il assembla quelques jeunes officiers du régiment où servait mon frère, il leur communiqua son plan : ces braves gens consentirent à tout pour sauver leurs camarades. Conformément aux instructions qu'ils reçurent le lendemain, veille du jour où les prisonniers devaient partir pour Candie, pendant la nuit, ils se rendirent au lieu qui leur avait été indiqué; munis de leurs armes, et Charles à leur tête, ils marchent à la prison : la garde veut faire résistance, le combat s'engage : la valeur et l'audace l'ont bientôt terminé; les Hollandais sont culbutés, la prison est ouverte; Anatole et ses compagnons sont en liberté. Sans perdre un moment, les prisonniers et leurs libérateurs volent à la porte du rivage qu'ils se font ouvrir. Charles, Anatole, et les deux autres officiers[1] s'embarquent et se trouvent en mer avant qu'on ait pris des mesures et rassemblé des forces pour les poursuivre. Nos fugitifs arrivèrent à Madras où ils se séparèrent des compagnons de leur

[1] MM. Fabron et de Bonneile; ce dernier vit encore et n'a point quitté le service hollandais; il est en ce moment commandant à Sourabaya, dans l'île de Java.

fuite. Ce que devinrent ensuite les deux amis, leurs courses, leurs aventures pendant six ans qu'ils restèrent ensemble dans les Indes, et pendant lesquels Anatole suivit le sort et partagea la fortune de son ami, c'est ce que nos deux héros nous raconteront eux-mêmes, quand nous les tiendrons cet hiver auprès du large foyer où j'espère nous voir bientôt tous réunis.

LETTRE XI.

CÉCILE A PAULINE.

Beauvoir, 1786.

Tu devines mon excuse, ma chère Pauline, pour avoir passé dix jours sans t'écrire; il a fallu faire à mon oncle les honneurs de sa nièce et justifier de mon mieux l'attachement qu'il avait pour moi dans mon enfance. Quand on te parle d'un oncle, Pauline, ne te figures-tu pas aussitôt un vieillard grondeur et pédant, prêchant, moralisant, et affectant l'autorité paternelle sans y joindre cette tendre sollicitude qui transforme en plaisir les devoirs qu'elle commande? Voilà du moins les traits généraux sous lesquels mon imagination s'était, jusqu'ici, représenté un oncle : à présent, juge de mon étonnement au portrait que je vais te tracer du mien. A vingt-huit ans il en paraît à peine vingt-cinq; sa figure, tout à-la-fois mâle et gracieuse, se fait remarquer au premier abord par l'expression et la mobilité de ses traits; sa taille est haute et déliée; sa démarche aisée et militaire. Sans appeler l'attention sur lui par des airs affectés, il la fixe par le naturel et l'élégance de ses manières; il abhorre le faste des habits : mais si les siens sont simples, ils sont faits avec un goût tout particulier.

Au lieu de serrer ses longs cheveux dans les plis d'un ruban, ou de les enfermer, selon l'usage, dans ce ridicule sac de soie que l'on appelle une bourse, il les porte sans poudre et coupés très courts : on dirait un buste de Caracalla.

Après son extérieur aimable, ce qui frappe en lui davantage c'est un esprit naturel, une grace d'expression, un langage plein de persuasion, une sorte de facilité à mettre à la portée de tout le monde les vérités les plus abstraites, et sur-tout une activité d'imagination qui le porte à multiplier les figures pour donner à ses discours le coloris et le charme de sa pensée. Ajoute à cela toutes les connaissances acquises par de longs voyages et de continuelles études, tu auras une idée de son esprit : pour son cœur, si je dois en juger d'après ce que maman raconte, et par mes premières observations, c'est par-là qu'il mérite de fixer l'admiration. On ne peut se faire une idée plus touchante de la piété filiale qu'en le voyant auprès de son père, et c'est en le suivant chez les malheureux qui ont eu quelques rapports avec sa première jeunesse, qu'on peut connaître quelle est sa bienfaisance. Il est aisé de voir que, pour avoir trop connu les hommes, il est forcé de les mépriser; mais sa misanthropie tourne encore au profit de sa sensibilité, puisque, ne pouvant plus compter sur la reconnaissance, il s'expose chaque jour à l'ingratitude. Une autre remarque, qui me semble faire de son cœur l'éloge le plus complet, c'est qu'il n'existe peut-être pas, en France, un meilleur ami, et que celui dont son cœur a fait choix porte ce sentiment jusqu'à l'héroïsme. Enfin, Pauline, ce que j'aime par-dessus tout, en lui, c'est sa franchise extrême: il parle de ses fautes, il convient de ses torts que souvent il exagère, et ne craint pas d'avouer ses défauts: voici ceux qu'il se reconnaît et dont maman convient: cet air de douceur répandu sur sa physionomie n'empêche pas qu'il ne soit du caractère le plus emporté, et tous ses efforts pour se rendre maître de son premier mouvement, ne servent qu'à en constater la violence.

Il n'estime pas assez les femmes, et son dédain perce à travers les respects et les égards dont il s'efforce de le colorer. Juge-s-en par quelques traits d'une conversation avec maman. « Tu as beau faire, lui disait-il hier en nous promenant, tu ne m'ôteras pas la malheureuse expérience que j'ai acquise sur ton sexe en général (car je ne parle pas de quelques exceptions que je me plais à citer et qui constatent la règle). Oui, mon aimable sœur, poursuivait-il, les femmes sont, pour la plupart, frivoles, fausses et inconstantes; la vanité, chez elles, tue le sentiment et substitue des goûts à des passions : le cœur d'une femme (que j'ai cru si long-temps, sur la foi du mien, le siége de toute sensibilité) n'est plus à mes yeux le chef-d'œuvre de la nature, mais celui de la vanité. Je ne suis guère autorisé, ajoutait-il en embrassant ma mère et en jetant sur moi un coup d'œil affectueux, à tenir un pareil langage auprès de vous dont un seul regard réfute tous mes raisonnements; mais, encore une fois, le rayon qui perce dans l'obscurité ne sert qu'à rendre les ténèbres visibles..... — A merveille! interrompit maman; tu connais les régles de la galanterie et tu sais qu'en fait de conversation le monde est toujours divisé en deux parties, les personnes à qui l'on parle et le reste de la terre. Je suis même convaincue que, galanterie à part, ton amitié nous met à couvert des traits que tu lances contre notre sexe. Anatole, mon cher Anatole, il est bien probable que tu as rencontré dans le monde, où tu as été jeté bien jeune et sans guide, beaucoup de femmes semblables à celles dont tu nous fais un portrait si révoltant; tu composes un tableau de leurs traits épars, et tu donnes à tout un sexe la physionomie de quelques individus. — Non, répondit mon oncle, le dépit n'entre pour rien dans mon jugement; et tant qu'à juger du tout par quelques parties isolées, j'aimerais bien mieux croire toutes les femmes sensibles, douces, belles et bonnes, parceque j'ai sous les yeux ce modèle charmant (c'est de maman, Pauline, qu'il voulait parler), que de les supposer pourvues de tous les défauts contraires, parceque je les aurais observés dans quelques unes d'elles. Je n'établis pas un caractère général sur des observations particulières; c'est depuis qu'il m'est permis de regarder les femmes de sang-froid que je me permets de les juger, et c'est le résultat de cet examen profond et désintéressé qui me porte à croire qu'elles sont telles que je les dépeins : quoi qu'il en soit, mon cœur trouve aussi son compte au témoignage de ma raison, puisqu'en m'éclairant sur les imperfections des femmes (dont il faudrait peut-être chercher la cause dans les vices des hommes), elle resserre d'autant les liens qui m'unissent à celles dont les vertus tirent un nouvel éclat des défauts de leur sexe. » Tu voulais des détails sur son compte : tu le vois, Pauline, je ne te les ai pas épargnés, j'ai satisfait ta curiosité : c'est maintenant à toi de contenter la mienne.

Tu me promets et j'attends avec bien de l'impatience l'histoire de cette pauvre Adine; elle m'a inspiré, le premier jour que je l'ai vue, un intérêt si tendre, que je suis impatiente de donner des larmes à son infortune. Je ne sais pourquoi, mais je parierais que c'est une victime que la religion enléve à l'amour....! Quelle est donc, ma tendre amie, cette passion funeste qui, pour se soustraire à son objet, n'a de recours que dans la puissance d'un Dieu? quel est cet amour dont le nom seul précipite les palpitations de mon cœur et porte le trouble et l'effroi dans mon ame? quel est ce sentiment dont l'effet devance l'existence, qui intéresse par ses propres dangers et dont les plaisirs sont, dit-on, une source intarissable de douleurs? Ah!.... Pauline, que j'envie ton heureuse gaieté et que je voudrais parler d'amour du ton dont tu parles de mariage!

De grace, qu'il ne soit plus question, entre nous, du comte : je l'abhorre plus que jamais ; c'est bien assez d'être forcée de le voir et de lui parler deux ou trois fois par semaine, sans nous en occuper dans nos lettres : la nymphe de Beauvoir et celle de Montfleury, tout échos qu'elles sont l'une de l'autre, ne seront jamais rivales de ce Narcisse.

Je crois en vérité, ma chère, que chez nous le goût du convent est un mal de famille : ne voilà-t-il pas Albert qui en est atteint ; il ne parle que de cloître : ne pourrais-tu pas deviner la cause de ce goût si extraordinaire à cet âge, et nous indiquer les moyens de le guérir de cette manie....? Fils unique, cela serait vraiment dommage..... J'aime beaucoup ton *à-propos* et ta colère contre l'auteur de ma brochure, qui s'avise de prétendre fixer les relations d'âge entre maris et femmes. Fi donc! quinze ans de différence! Je soutiens, moi, qu'il faut être né dans le même mois..... Non, Pauline, je ne ris pas, ou du moins je voudrais ne pas rire et pouvoir me flatter qu'un jour, dans la plus tendre des amies, je pourrais embrasser la plus aimable des sœurs. Cet espoir, du moins, n'a rien d'extravagant. Ton père nous a promis que tu serais des nôtres dimanche. Il donne, en l'honneur de mon oncle, un grand dîner à Montfleury, où il rassemble le ban et l'arrière-ban de la province. Il me semble qu'il y a un siècle que je ne t'ai embrassée. Adèle, que maman envoie à Blois, te remettra ma lettre. J'entends quelqu'un à deux pas de moi qui se chargerait bien volontiers de ma commission.

LETTRE XII.

CHARLES A ANATOLE.

Rennes, 1786.

Tu n'échapperas pas, mon ami, au récit que je t'ai promis dans ma dernière lettre. Lorsque mon curateur me mit sous les yeux le bilan de mes biens, je vis avec surprise que le baron de Saint-Maurice, cousin-germain de mon père, mort il y a deux ans, m'avait institué, par testament, légataire universel d'une petite fortune de cinquante mille écus de capital. Les dispositions de ce testament m'étonnaient d'autant plus que je connaissais au baron deux neveux auxquels sa succession devait naturellement appartenir; je m'informai de mon curateur des motifs qui avaient pu déterminer le testateur à frustrer de son bien ses héritiers légitimes. Il m'apprit que ce vieillard célibataire, qui avait recueilli chez lui ces deux jeunes gens sans fortune, qui s'était chargé de leur éducation, et les avait entretenus honorablement dans les différentes carrières qu'ils avaient embrassées, avait eu beaucoup à s'en plaindre sur les dernières années de sa vie ; que l'aîné avait été obligé de quitter son régiment et le royaume pour avoir tué en duel un de ses camarades, et que le cadet, après avoir abandonné l'état ecclésiastique auquel il s'était destiné, avait épousé contre l'aveu de son oncle une jeune fille sans fortune et sans naissance. Je demandai ce qu'étaient devenus l'un et l'autre, et j'appris qu'ils étaient tous deux à Rennes, où l'officier, ayant assoupi son affaire depuis un an, faisait de vaines démarches pour faire casser le testament de leur oncle. Mes informations prises, et sachant qu'ils ignoraient encore mon arrivée, je priai mon frère, chez lequel ils venaient quelquefois, de les inviter à dîner sous un prétexte quelconque, et d'engager le cadet à amener sa femme..... Sans vouloir approfondir mes motifs qu'il pressentait sans doute, il fit ce que je desirais, après m'avoir donné de leur conduite, depuis la mort du baron, une idée très favorable, et m'avoir beaucoup entretenu de l'indigence dont ils étaient menacés.

Tous trois arrivèrent à l'heure désignée ; ils m'avaient vu trop jeune pour me reconnaître ; mais Victor, suppléant à leur mémoire, leur dit en me prenant par la main : « Messieurs, je vous présente le chevalier d'Épival. » La tête de Méduse ne pétrifiait pas mieux son monde. Les deux frères restèrent immobiles; mais revenus de la première surprise, ils me firent une légère inclination, et ne daignèrent pas répondre au compliment que je leur adressai. Je vis avec plaisir, en jetant les yeux sur la jeune femme, qu'elle portait une de ces physionomies aimables qui servent d'excuse à bien des folies : je m'approchai d'elle, et j'en reçus un accueil moins désobligeant que celui auquel son mari m'avait préparé. On se mit à table, la conversation fut sèche; mais Victor, quand les gens se furent retirés, parla du baron de Saint-Maurice; je me mêlai à la conversation et j'en fis un pompeux éloge. Je m'apercevais que le mari de la jeune femme cherchait une occasion d'exhaler sa bile, et je me doutais bien qu'il ne laisserait pas échapper celle que je lui offrais. « La mémoire de mon oncle, dit-il avec un rire amer, ne recevra pas grand lustre de votre éloquence, monsieur le chevalier; vous avez trop d'intérêt à le défendre. » La sortie était un peu brusque, et l'aîné des deux frères, qui parut craindre que ma réponse ne fît prendre à la conversation un tour trop hostile, s'empara de la parole : « Pourquoi, dit-il, s'engager dans une discussion sur laquelle les lois ont prononcé? Notre oncle était maître de son bien : nous étions ses héritiers naturels, il a cru avoir à se plaindre de nous, et nous a frustrés de sa succession en faveur d'un parent éloigné; nous pouvons taxer d'injustice la volonté du testateur, nous avons d'excellentes raisons pour cela ; mais d'autres en ont d'aussi bonnes pour la justifier. Laissons donc une conversation chagrinante pour celui qui possède, parce qu'elle mêle à ses plaisirs l'idée affligeante du dépouillement d'autrui, et plus chagrinante encore pour nous qui, ayant tout à prétendre, n'avons désormais rien à réclamer. — Je ne puis prendre aussi facilement mon parti, reprit le cadet, et je ne suis pas encore assez stoïque pour me voir dépouiller de sang-froid par un inconnu. » J'écoutai froidement les plaintes que le pauvre cousin assaisonnait de railleries amères sur les coureurs d'héritages et sur la justice de l'Inde qui consacre leurs droits. Sa femme cherchait à l'excuser à mes yeux par les interprétations forcées qu'elle donnait à ses discours et la manière obligeante dont elle prenait mon parti. Son frère continuait à blâmer ses plaintes inutiles, et Victor attendait avec impatience la fin de cette scène. Après l'avoir bien mis dans son tort : « Monsieur, lui dis-je, je croyais m'attirer quelques remerciements, et je vois que c'est moi qui finirai par vous en devoir. En priant mon frère de nous réunir, je n'avais en vue que de faire un acte de justice, et vous me fournissez l'occasion d'en faire un de générosité. » M. D..., mon notaire, entra dans ce moment : « Monsieur, continuai-je, est chargé de répondre à vos reproches, et je lui cède la parole. » Les deux frères demeurèrent fort interdits, ne sachant où j'en voulais venir. Victor lui-même, qui ne s'attendait pas à ce dénouement, témoignait sa surprise, et le notaire, sans autre préambule, tira de sa poche un papier dont il fit la lecture : ce papier n'était autre chose qu'un acte formel de renonciation à l'héritage du baron de Saint-Maurice, et le transport de tous mes droits à ses neveux. Je voudrais pouvoir te peindre les différentes figures de mon auditoire à cette lecture; l'étonnement et la joie du frère aîné, la confusion profonde et attendrissante du cadet, l'expression vive de ma petite cousine qui fondait en larmes, et la physionomie de Victor rayonnante de ce plaisir qui part du cœur. Reprenant la parole après le notaire : « Vous voyez, mon cousin, ajoutai-je, que la justice des Indes est la même que celle d'Europe; mais si je ne suis que juste en renonçant à un bien auquel je vous crois des droits mieux fondés quoique moins reconnus que les miens, vous avouerez qu'il y a quelque générosité à les proclamer dans ce moment; » et sur-le-champ je signai l'acte dont ils venaient d'entendre la lecture. « Bravo, mon ami, s'écria mon frère en sautant à mon cou :

voilà sur cette affaire un arrêt qui vaut mieux que celui du parlement. » Notre étourdi se confondait en excuses, son frère en remerciements, la petite femme en pleurs. « Embrassons-nous, mes chers cousins, dis-je avec cette gaieté que donne le contentement de soi-même; et buvons à la mémoire du baron, qui doit nous être chère à tous.» Je reçus avec attendrissement les assurances d'amitié et les témoignages de reconnaissance dont ces bons parents m'accablèrent, et nous nous rendîmes, en sortant de table, chez le notaire, pour y remplir les formalités d'usage.

Victor parle de toi avec plaisir, et tu as trouvé grace devant ce terrible Aristarque de l'espèce humaine. Pour moi, je l'aime de tout mon cœur, malgré ses travers, et je suis forcé d'avouer qu'il est plus fort en raisons pour attaquer le genre humain, que je ne le suis pour le défendre. Par une contradiction qui fait honneur à son ame, ce misanthrope sauvage ne s'occupe que des moyens d'être utile à ces hommes qu'il méprise, et de pratiquer toutes les vertus dont il nie l'existence. Que je le plains! Celui qui ne veut voir que le mauvais côté de la vie, trouvera un continuel aliment à son mal dans les imperfections de l'humanité. Tu goûteras quelques uns des principes hardis qu'il oppose avec succès au vice de nos institutions sociales. Je fais un petit recueil de ses maximes, elles pourront servir de supplément à celles du duc de La Rochefoucault.

Je t'ai dit que je croyais avoir besoin de quelques semaines pour terminer mes affaires; mais si je te suis utile plus tôt, songe qu'il ne me faut que quarante-huit heures pour me rendre auprès de toi. Dans ta dernière, tu ne me dis rien de madame de Neuville.

LETTRE XIII.

ANATOLE A CHARLES.

Beauvoir, 1786.

Tu me demandes un tableau de famille, comme un jeune souverain demande le portrait de la princesse qu'il doit épouser : je ne suivrai cependant pas l'exemple des peintres de cour; je ne flatterai pas mes modèles, et ce ne sera pas ma faute si quelques uns des portraits que je t'envoie ont l'air d'être le produit de mon imagination.

Si je ne te parlais que des personnes avec lesquelles tu es destiné à vivre, je ne te dirais rien de mon père, car j'ai bien peur que tu ne le retrouves plus à Beauvoir lorsque tu y arriveras. Retiré dans ses terres, en Provence, depuis la mort de ma mère, ce respectable vieillard a voulu me procurer le bonheur de le revoir aux mêmes lieux où je l'avais quitté : l'instant de notre réunion a réveillé dans nos ames un bien douloureux souvenir... Mon père, à soixante-dix-neuf ans, offre les débris du plus bel homme de guerre de son temps; sa taille, très élevée, n'a pas fléchi d'une ligne sous le poids des années, et les traces profondes que les chagrins, plus que l'âge, ont laissées sur son front, impriment à sa tête vénérable ce caractère de noblesse et de grandeur qui constitue la beauté de la vieillesse. Diderot a dit : « Qu'un portrait de famille ne mon-« trait qu'un instant de votre visage. » Celui de mon père ne serait pas ressemblant s'il ne le montrait pas, dans tous les moments de sa vie, comme un modèle de générosité, de franchise, et de courage. Qu'est-ce que l'irradiation du soleil auprès de l'éclat de l'honneur et de la vertu! Avec un grand sens et une longue expérience des hommes et des choses du temps passé, sa mémoire *lointaine* est un trésor inépuisable de faits et d'anecdotes qu'il raconte un peu longuement, mais qu'il ne répète jamais. Tout entier au passé, c'est tout au plus s'il croit au présent; quant à l'avenir, il n'en fait pas plus de cas que de l'espérance, c'est pour lui, comme dit saint Augustin, le *songe de l'homme éveillé.*

Si l'on voulait personnifier la vertu dans toute sa simplicité, dans toute sa modestie, on la peindrait sous les traits de madame de Clénord. Belle sans éclat, bienfaisante sans ostentation, dévote sans intolérance; peut-être, cependant, y a-t-il, dans son caractère, encore plus de bonté morale que de bonté pratique. Le repos de l'esprit, de l'ame, et du corps, est un besoin si impérieux de son existence, qu'elle ne court pas même après l'occasion de faire le bien dont elle a toujours la pensée. Je t'ai dit que mon père vivait dans le passé; ma sœur, au contraire, nourrie d'idées mystiques où elle puise chaque jour le dégoût, ou du moins l'indifférence de la vie, se réfugie dans un avenir qui ne doit commencer pour elle qu'au-delà d'un monde où sa fille seule l'empêche de se croire tout-à-fait étrangère. Rien de plus doux, rien de plus aimable que le commerce habituel de madame de Clénord : tu t'apercevras peut-être qu'elle se fait quelquefois des devoirs de ses préjugés; mais tu n'auras jamais à souffrir d'un défaut d'indulgence qu'elle n'exerce que sur elle-même.

Je t'ai souvent entendu dire que tu ne concevais rien à notre amitié, à ce penchant invincible qui a porté si violemment l'un vers l'autre, deux hommes d'humeur et de caractère aussi opposés. Eh bien! le contraste est encore plus frappant entre madame de Clénord et madame de Neuville : la comparaison que je chercherais à établir entre elles ne serait qu'une longue antithèse. Il est difficile d'être plus jolie que madame de Neuville, d'avoir plus de graces dans les manières, plus de vivacité dans l'esprit, plus de gaieté dans le caractère, et avec toutes les apparences de la frivolité et de la malignité, plus de bon sens dans le jugement, et de véritable bonté dans le cœur.

Madame de Neuville est une femme à la mode, non pas dans toute la force, mais dans toute l'honnêteté du mot. Restée veuve et sans enfants à la fleur de l'âge, tu peux te figurer de combien d'hommages intéressés elle est l'objet; mais ce que tu auras plus de peine à t'expliquer, c'est que dans ce tourbillon de monde, où elle brille d'un éclat si vif, elle ait pu se concilier à-la-fois l'amitié, ou du moins la bienveillance des femmes, et l'adoration des hommes. Ce phénomène, presque sans exemple dans les hautes régions de la société, me dispense d'insister auprès de toi sur les autres parties de son éloge. On peut trouver à Paris plusieurs femmes aussi heureusement douées par la nature et l'éducation; mais je n'en connais pas une autre qui réunisse au même degré les charmes qui séduisent, les talents qui captivent, et les vertus qui commandent l'estime et le respect. Après tout, mon ami, cette sœur est absente; je l'ai quittée fort jeune, et je n'en porte ici qu'un jugement sur parole; mais nous verrons bien.....

Fais-toi l'idée d'une jeune fille de seize ans, aux yeux bleus, aux cheveux noirs, à la taille légère, dont le regard est une caresse, dont le sourire est un bienfait;

rassemble à plaisir, dans ta brillante imagination, les traits les plus purs, les plus réguliers, pour en composer une figure d'une grace enchanteresse, d'une ravissante expression; embellis cette image charmante d'un teint de lis et de roses, de mille attraits déjà formés, de mille autres naissants encore; tu croiras sans doute avoir réalisé cette beauté idéale dont la nature essaie quelquefois de rassembler les perfections sur un seul modèle. Eh bien! mon ami, Cécile est plus belle encore; ses traits sont plus délicats, sa taille plus élégante, sa bouche plus vermeille, ses dents d'un émail plus pur, ses cheveux d'une beauté plus rare; toute sa personne, en un mot, d'une grace plus touchante que tu ne saurais l'imaginer. L'impression que produit sa vue est indéfinissable; il semble qu'un reflet de la douce lumière qui se répand autour d'elle épure et embellisse tous les objets qui l'approchent; tout respire auprès d'elle l'innocence, la paix, le bonheur; chacun de ses attraits révèle une qualité de son esprit ou une vertu de son cœur. Cécile a quelque chose de plus aimable encore que la modestie, la simplicité; en un mot, c'est la beauté telle que la définit Platon, « l'image visible d'une invisible perfection. »

Il faut des ombres au tableau; c'est uniquement pour remplir cette condition de la peinture, que j'introduirai, dans ce tableau de famille, le portrait d'un comte de Montford, qui, j'espère, n'en fera jamais partie. Ce grand seigneur, que la vanité de mon beau-frère appelle son ami, a quitté la cour depuis près d'un an pour se fixer dans une de ses terres, sur les bords de la Loire. En qualité de voisin, il vient souvent à Beauvoir, et je ne suis pas éloigné de croire qu'il a des vues sur ma nièce. Jeune, riche, et d'une haute naissance, il est très probable que les intentions que je lui suppose seront parfaitement reçues de M. de Clénord; mais j'ai de la peine à me persuader qu'elles soient également bien accueillies par Cécile. Sa figure est noble, mais sans ame; sa taille est élevée, mais sans élégance et sans proportion; il y a dans son maintien, dans l'air dont il porte sa tête, quelque chose d'impertinent dont on est toujours au moment de lui demander raison; il paraît si satisfait de lui-même qu'on en est toujours mécontent; le fond de son caractère, qu'il trahit à chaque mot, est de rabaisser ce qu'on admire, de chercher des défauts à ce qu'il est forcé d'estimer, et de haïr ce qu'il ne ne peut mépriser; sa qualité d'homme de cour l'exempte de toute franchise, mais il pense avec finesse et s'exprime avec une sorte de recherche qui n'est pas sans esprit; il vit accablé du temps, dont il ne connaît ni le prix ni l'emploi. Montford a rempli la cour et la ville du bruit de ses bonnes fortunes; il s'en excuse sur la vivacié de ses sentiments; mais il se trompe : ses vices sont des habitudes et non pas des passions.

Te voilà, mon ami, au fait des lieux et des personnes, et, en arrivant ici, tu t'y trouveras en pays de connaissance.

LETTRE XIV.

PAULINE A CÉCILE.

Au couvent de Laguiche, 1786.

Puisque je dois te voir demain, j'aurais fort bien pu différer d'un jour pour te remettre moi-même l'histoire de cette pauvre Adine, que je t'envoie aujourd'hui; mais je ne suis pas fâchée que tu aies le temps de la lire, afin que nous puissions en causer ensemble. Tu verras que tu as deviné juste sur les motifs qui ont déterminé cette aimable fille à quitter le monde. J'ai bien pleuré en transcrivant ce récit; mais s'il faut te parler franchement, j'ai versé des larmes sur parole: je n'entends rien aux circonstances principales de son histoire; c'est pour démêler le sens obscur de quelques passages qui échappent à ma pénétration, que je prétends m'aider de la tienne. Je me suis aperçue plusieurs fois que ton imagination te sert mieux que ma curiosité, et que tu interroges ton cœur avec plus de succès que moi mon esprit. Si tu savais, Cécile, combien je suis en colère de ne pouvoir deviner ce qu'on nous cache avec tant de soin. Grace au ciel, j'ai déja fait plus d'une découverte: je tire des lumières de tout; de mes livres, de mes rêves, des conversations de mes compagnes, de mille choses qui se passent sous mes yeux, et dans lesquelles je trouve des rapprochements nouveaux dont je tire des conjectures à perte de vue. Patience! en dépit de nos vieilles mystérieuses, je pénétrerai par la seule force de mon génie les secrets qu'on nous dérobe très mal-à-propos, puisqu'il faut que nous les sachions un jour. En attendant, je ne conçois pas ce qu'Adine veut dire *par la possession, tombeau de l'amour.* Cet amour n'est donc pas comme l'amitié, à laquelle on le compare continuellement. Je possède le cœur de Cécile depuis long-temps, et je sais que Cécile me devient plus chère de jour en jour.... Il y a là-dessous quelque chose d'inconcevable! Qu'est-ce encore *qu'une chambre d'où l'on sort déshonorée?*.... En vérité, c'est bien impatientant d'entendre sans cesse parler une langue qu'on ne sait pas, et dont l'intelligence tient peut-être à un seul mot. Tu me gronderas, Cécile, sur ma curiosité; tu me diras qu'on n'apprend que trop tôt une mauvaise nouvelle; et moi je te répondrai qu'il vaut mieux être sur des charbons qui vous consument, que sur des épines qui vous tourmentent.

A propos de curiosité, tu me gronderas bien

plus encore, quand tu sauras que j'ai abusé pour lire et pour copier cette histoire de la confiance de cette bonne Adine qui me l'avait remise pour la faire tenir à son adresse : « Ne lisez point cet écrit, ma chère Pauline, m'avait dit l'aimable religieuse, en me le confiant, ce que vous pourriez y comprendre, ne servirait qu'à vous faire prendre en aversion le monde où vous êtes destinée à vivre, et peut-être à vous faire mépriser celle qui vous doit aujourd'hui l'exemple de la vertu. « Faut-il te l'avouer, cette recommandation, au lieu de la calmer, n'a fait qu'accroître ma curiosité : j'aurais pu être arrêtée par l'idée de rompre un cachet; mais, lorsque cette lettre n'était fermée qu'avec une épingle, comment aurais-je pu résister à la tentation de la lire, et, après l'avoir lue, au desir plus vif encore de t'en communiquer le contenu. Tu me blâmeras Cécile; mais enfin la faute est commise et je la prends sur ma conscience.

HISTOIRE D'ADINE FRANVAL.

A MADAME LA VICOMTESSE DE P.... [1].

Vous exigez que je vous initie dans le secret de ma douleur, et que je vous dévoile les motifs qui

[1] Il paraît que cette lettre d'Adine était adressée à la seule personne de la famille de M. de Jenecée qui ait pris quelque part au malheur de cette jeune personne.

ont pu me déterminer à renoncer au monde, pour m'ensevelir à dix-neuf ans dans un cloître. Je vais vous satisfaire, quoique je doive craindre de ne me concilier votre pitié qu'aux dépens de votre estime. L'histoire de ma vie se réduit à un seul événement, dont je suis en même temps la cause et la victime : c'est à vous en détailler les circonstances que se bornera mon récit.

Je suis née à Vendôme, et mes parents tiennent le premier rang dans la bourgeoisie de cette ville : un frère et deux sœurs en bas âge partageaient avec moi l'affection de la plus tendre des mères et du père le plus respectable. Mon enfance et les premières années de ma jeunesse s'étaient écoulées dans la paix et l'innocence, et j'avais atteint ma dix-huitième année au milieu des plaisirs si purs qui naissent de l'union d'une famille aimable, d'une éducation cultivée, et d'une honnête opulence, lorsqu'une circonstance bien indifférente en elle-même ouvrit l'abyme où je me suis volontairement plongée.

Au commencement de l'hiver, le régiment des carabiniers vint en garnison à Vendôme. Les officiers de ce corps essayèrent vainement de s'introduire à la maison; mon père s'était fait une loi de ne point recevoir de militaires, et semblait prévoir que ma destinée dépendait de sa persévérance dans cette mesure : mais vainement; l'influence de mon étoile devait l'emporter sur ces sages précautions. Un jour, nous étions à table lorsqu'on annonça un officier; il entra, et remit à mon père une lettre par laquelle un ami intime lui recommandait le capitaine baron de Jenecée, son parent, pendant le temps de son séjour à Vendôme. Les détails avantageux dans lesquels il entrait sur la personne, la naissance, et la fortune de ce jeune militaire, ne permirent pas à mon père de se refuser complètement aux suites d'une recommandation aussi pressante : il accueillit ce jeune homme, et l'invita à dîner pour le lendemain.

Il s'y rendit. Nous étions seules, maman et moi, lorsqu'il arriva. Dans l'aridité d'un premier entretien, il eut le talent de faire naître une conversation pleine d'intérêt. En traitant les objets les plus frivoles, il lui échappait des traits d'une sensibilité si naturelle, ses éloges avaient quelque chose de si délicat, un compliment dans sa bouche avait si bien l'air d'une vérité sentie, que je ne pus me défendre de partager le plaisir que maman trouvait à l'entendre, et d'observer avec trop d'attention celui dont la voix trouvait, sans que je m'en aperçusse, le chemin de mon cœur.

M. de Jenecée a trente-trois ans; sa taille est élégante sans être haute, sa figure est distinguée, sans être belle, mais elle le devient par le charme de l'expression que semblaient lui communiquer les mouvements de son ame. Il existe peu d'hommes dont les manières soient plus séduisantes, et qui mette dans ses moindres actions plus d'aisance et de noblesse. La connaissance des usages, l'art des bienséances, donnent à son maintien de la grace et de l'assurance; affable avec dignité, fier avec modestie, enjoué sans affectation, flatteur avec délicatesse, il a tous les dons de plaire; que n'avait-il celui d'aimer! C'est entouré de ces séductions que je le vis, et l'expérience m'apprit trop tard que cette écorce brillante cachait une ame commune, et un cœur dont l'esprit et le commerce d'un monde corrompu avaient desséché toutes les affections.

Le baron venait assiduement à la maison; il s'était si adroitement insinué dans la confiance de mon père et de ma mère, que la plus étroite intimité s'était établie entre nous, et qu'on le traitait comme l'enfant de la famille. Accoutumés depuis deux mois à le voir tous les jours, nous fûmes inquiets d'en voir s'écouler trois, sans en entendre parler. On envoya chez lui; son valet de chambre répondit que son maître était incommodé, et forcé de garder le lit. Cette nouvelle jeta l'effroi dans mon cœur, et j'eus beaucoup de peine à dérober une partie des inquiétudes dont j'étais agitée. Mon père se rendit immédiatement chez M. de Jenecée, et nous apprit à son retour, avec trop peu de ménagements, qu'il était dans un danger imminent, et que ce malheureux jeune homme avait reçu deux coups d'épée dans la poitrine, à la suite d'un différent qui s'était élevé entre lui et un de ses camarades. « Grand Dieu! m'écriai-je, il va mourir.—Cette crainte est d'un bon naturel, reprit mon père en souriant, mais elle est exagérée, et le médecin est plus rassurant dans ses conjectures. Quoi qu'il en soit, nous sommes convenus ensemble que ce soir on transporterait ici son malade, dont l'état exige des soins et des secours qu'il ne pourrait aussi aisément se procurer dans un hôtel garni : sans compter qu'Adine sera plus à portée d'avoir des nouvelles d'une santé qui paraît l'intéresser si vivement. » J'étais trop absorbée dans ma douleur pour penser à éloigner les soupçons de mon père, que mes larmes justifiaient assez.

Je fus prête à m'évanouir lorsque j'approchai du brancard sur lequel il était porté, et je ne songeai pas même à lui dérober l'émotion que cette vue me causait. Ses yeux mourants s'arrêtèrent sur les miens avec une expression si tendre, la langueur de ses regards leur prêtait un charme si touchant, qu'il dut lire dans les miens qu'il se mêlait un sentiment plus vif que la compassion à l'intérêt que je prenais à cette scène douloureuse. On transféra M. de Jeneçée dans un appartement voisin de celui de mon père. Pendant trois semaines que durèrent les symptômes effrayants de la maladie, nous passions, maman et moi, une partie des jours dans sa chambre, et j'étais trop payée des soins que je donnais à ce cher malade par les succès dont je les voyais couronnés, et la reconnaissance avec laquelle ils étaient reçus. Déja les dangers étaient éloignés, et il touchait à sa convalescence, lorsqu'un matin, maman s'étant éloignée pour un moment, je me trouvai seule avec lui. Je ne sais quel trouble s'empara de moi, mais je ne fus pas la maîtresse de le déguiser, et je fis un pas pour sortir de la chambre. « Chère Adine, me dit-il d'une voix émue, en jetant sur moi un regard suppliant, daignez m'écouter un moment, et mettez le comble à vos bontés pour moi en ne vous dérobant pas aux transports de ma reconnaissance. » Je me trouvai tout-à-coup enchaînée par un pouvoir invincible, et je n'eus de force que pour me traîner jusqu'à une bergère, à quelque distance du lit; je m'assis en tremblant, et il continua : « Tant que j'ai pu craindre de ne pas survivre à mes blessures, j'ai dû, mademoiselle, garder avec vous le silence sur l'état de mon cœur, et ne pas vous dévoiler un secret qui, de quelque manière qu'il eût été reçu, ne pouvait me rendre que plus affreuse l'idée d'une séparation prochaine : aujourd'hui que mon existence n'est plus un problème, que la nature et sur-tout vos soins généreux ont renoué la trame de ma vie, puis-je vous laisser ignorer que je n'ai consenti à en prolonger le cours que dans l'espoir de vous la con-

LETTRE XIV.

sacrer tout entière? Dois-je craindre de vous avouer un sentiment que vous avez fait naître et dont la nature est aussi pure que la source? Oui, belle Adine, le premier jour que je vous vis a décidé mon sort, et je n'attends que votre aveu pour faire à vos parents la demande de votre main: daignez, d'un seul mot, détruire ou confirmer mon espoir. » Immobile et les regards attachés sur la terre pendant ce discours, je ne pus trouver, pour y répondre, ni langue ni voix; l'amour semblait avoir paralysé mes organes; je n'existais plus que dans mon cœur. « Je vois, ajouta le baron, prenant ou feignant de prendre le change sur mon silence, que ma témérité vous déplaît et que j'ai trop facilement confondu mes vœux avec mes espérances. » Son incertitude sur mes sentiments surmonta ma timidité: « Ah! monsieur, lui dis-je en hésitant, l'aveu du cœur attend-il celui de la bouche, et serait-il possible que j'eusse quelque chose à vous apprendre?.... » Maman entra bien à propos; je lus dans les yeux du malade que le peu de mots qui m'étaient échappés remplissaient les vœux de son cœur, et le mien, dès ce moment, s'ouvrit à toutes les illusions de l'amour. Lorsque ses forces lui permirent de supporter la voiture, nous le fîmes consentir à nous suivre à la campagne, pour s'y mettre au régime du lait qui lui avait été ordonné pendant quelques semaines. Ce fut là que M. de Jenecée s'ouvrit à mes parents sur ses intentions, et leur demanda ma main. Il y avait long-temps que notre amour mutuel n'était plus un secret pour eux, et ce jeune homme réunissait d'ailleurs tout ce qui pouvait rendre sa proposition infiniment agréable aux yeux d'un père et d'une mère uniquement occupés du bonheur de leur fille : aussi n'éprouva-t-il aucune contradiction, et, cédant à son impatience, il fut arrêté que notre mariage se ferait aussitôt qu'il serait entièrement rétabli.

Telle était la situation heureuse dans laquelle je me trouvais : jouissant, dans la sécurité de l'innocence, du bonheur d'aimer, sur le point d'être unie par le plus saint des nœuds à celui que mon cœur avait choisi, et certaine de ne relâcher aucun des liens de la nature en serrant ceux de l'amour, puisque nous devions continuer à vivre dans ma famille. Mon bonheur semblait être affermi, et tout me présageait l'avenir le plus flatteur.

Cependant, du sein même de l'amour, source de ma félicité, naissait une réflexion dont l'amertume empoisonnait ces moments délicieux ; j'aimais, je me croyais aimée, mais pouvais-je me flatter de l'être toujours ? J'avais tant de fois entendu répéter que l'hymen était, pour la plupart des hommes, le tombeau de l'amour, et que la possession paisible était une épreuve dont il sortait rarement victorieux, que je voyais s'approcher avec une sorte d'effroi un moment qui pouvait seul détruire ou justifier mes craintes. Prévenue de cette idée, dont je ne pouvais détacher mon esprit, j'avais trouvé l'art d'être malheureuse au sein du bonheur: toutes les assurances, toutes les preuves d'amour dont j'étais comblée ne me rassuraient pas, puisque, dans le présent, je ne pouvais avoir de garant pour l'avenir. Mon imagination réalisait, durant mon sommeil, les craintes qui me poursuivaient pendant le jour, et tous mes rêves ne m'offraient, au sein de l'hymen, que l'image de l'abandon et du désespoir. La nuit qui précéda celle où j'ouvris sous mes pas un abyme de douleurs, s'était passée tout entière dans l'insomnie et dans les larmes : je ne m'étais point couchée; j'avais écrit et déchiré plusieurs lettres; et quand le jour me surprit, je m'étais arrêtée au projet de renoncer au mariage et d'en faire la déclaration formelle à M. de Jenecée; mais en le voyant je n'en eus pas le courage, et la nuit suivante, les mêmes perplexités, les mêmes tourments m'assaillirent avec plus de force: incapable de lutter plus long-temps sans mourir contre ce désordre de mon cœur et de ma pensée, je pris une résolution aussi violente que sa cause, et que je ne prétends justifier qu'à mes propres yeux : oserai-je achever ce fatal récit!...

L'époque de mon mariage n'était plus éloignée que de trois semaines, le baron était parfaitement rétabli, et toute la famille, excepté moi, attendait dans la joie un jour qui ne devait jamais luire.

J'avais passé une nuit cruelle, et les plus sombres présages m'avaient poursuivie dans le trouble d'un sommeil fatigant; je prends sur-le-champ mon parti, je me lève; il était à peine jour : maîtres et domestiques, tout le monde dormait encore; je me rends sans bruit à la chambre du baron, je pose la main sur la clef, je me trouve saisie d'un tremblement subit, une palpitation me suffoque, une sueur froide se répand sur tout mon corps; je fais un dernier effort, j'ouvre la porte, j'entre, et je n'ai que le temps de me jeter sur un fauteuil où je m'évanouis. Le bruit que je fis en entrant éveilla M. de Jenecée : le jour ne lui permettait pas encore de distinguer les objets; il saute au bas du lit, me reconnaît avec la surprise que vous pouvez imaginer, et me prodigue des secours qui me rendent à moi-même.

Lorsque j'eus repris mes sens, et que le baron, qui avait profité du temps où je n'étais pas à moi pour jeter sur lui son manteau, m'eut témoigné avec le plus tendre intérêt l'étonnement où il était de me voir à cette heure, je rompis le silence. Après lui avoir fait promettre qu'il m'écouterait sans m'interrompre, je lui parlai en ces termes : « Depuis quelque temps vous m'avez sollicitée vainement, mon ami, de vous dévoiler la cause de ce nuage de tristesse qui s'épaissit à mesure que j'approche du moment qui doit nous unir à jamais; sans doute votre tendresse n'a pu s'en alarmer, et vous connaissez trop bien le cœur de votre Adine pour croire que mes chagrins aient quelque chose d'injurieux pour votre amour; vous allez en juger.

« Je vous aime; mais ce mot dont on abuse si souvent est pour moi l'expression d'un sentiment qui concentre en lui tous mes devoirs et tous mes intérêts; sur lequel j'ai fondé uniquement mon bonheur, et qui doit fixer irrévocablement ma destinée. Vous m'avez dit que vous m'aimiez; je le crois : eh ! comment ne pas croire ce qu'on souhaite avec tant d'ardeur ! Vous m'en avez donné la preuve en consentant à vous unir à moi par des liens indissolubles.

« A présent, mon ami, connaissez le sujet de mes inquiétudes; vous m'aimez aujourd'hui.... mais peut-être cesserez-vous de m'aimer. » Il se récria. « Vous ne me tenez pas votre parole, lui dis-je, écoutez-moi jusqu'au bout. L'espoir d'être déçue dans mes craintes est celui qui me fait vivre; ainsi vous devez croire que mon cœur m'a dit tout ce que vous pourriez me dire pour me rassurer; mais frappée d'une idée si généralement reçue, démontrée par un si grand nombre d'exemples, n'ayant rien en moi qui m'autorise à espérer en ma faveur une exception, je crains, je tremble que les devoirs de l'Hymen ne finissent par devenir un fardeau pour vous; je frémis à l'idée de vous être moins chère, lorsque les lois m'auront fait un devoir des plus doux sacrifices. Sans pénétrer encore le vrai sens de ce mot, je redoute pour vous l'écueil de la possession; en un mot, plus j'attache de bonheur a l'idée de vous appartenir, plus j'attache de tourments à la pensée de perdre votre amour: toute autre considération disparaît à mes yeux devant celle de votre bonheur, et mon amour lui-même ne m'est cher qu'autant qu'il peut y contribuer. Telle est enfin ma manière de vous aimer; que je préfèrerais le déshonneur et la honte d'être trahie par l'amour, à la possibilité d'être un jour à charge à l'hymen. — Je vous entends, femme adorable, dit le baron en se jetant à mes pieds; mais votre amant est trop délicat, trop généreux, trop sûr de ses sentiments pour user des droits que votre amour lui donne et dont le sien le rend si digne. Calme tes inquiétudes, mon Adine, la délicatesse de tes sentiments doit te répondre de la durée des miens, et sans doute il est plus facile de ne t'aimer pas, que de ne pas t'aimer toujours; les charmes de ta figure, les graces de ta personne suffiraient seuls pour fixer le cœur du plus volage amant, et c'est le moindre des liens qui m'unissent à toi : tes vertus, voilà les garants de l'immortalité de mon amour. — Eh bien! mon ami, ajoutai-je en lui abandonnant une main qu'il couvrait de baisers et en cachant ma tête dans son sein, pourquoi craindrais-tu de justifier cette confiance que tu as en toi-même? Je sais à quel point je manque aux préjugés établis, à quel point je viole les droits de la pudeur, la première vertu de mon sexe; mais, je te l'ai dit, ton bonheur est tout pour Adine, et si j'avais un sacrifice plus grand à te faire, je ne balancerais pas un moment. Si le sentiment qui nous anime a une source plus pure que ces liaisons vulgaires qui remplissent la société d'époux infidèles, si le nœud qui doit nous unir n'a rien de commun avec ce lien de convention dont le mariage fait trop souvent une chaîne insupportable, ne craignons pas d'en embrasser les devoirs avant de nous en imposer les lois. « Il ne répondit plus à mes raisons que par les plus tendres caresses, et mon silence plus éloquent que mes discours servit trop bien mes projets. La pudeur voulut reprendre ses droits; en vain j'essayai de détruire mes premiers efforts par des efforts contraires, je ne pus échapper à mes propres piéges, et l'amour substitua son flambeau à celui de l'hymen. Que vous dirai-je, madame, je sortis de cette chambre fatale, déshonorée aux yeux du monde, mais innocente aux miens, et ne trouvant au fond de mon cœur que la pureté du motif qui m'avait fait agir.

La raison qui m'avait dicté cette première démarche en autorisait les suites. Quinze jours s'écoulèrent dans cette ivresse partagée; et mon cœur s'applaudissait d'avance d'un succès dont il était avide : plus tendre, plus aimable, plus soigneux de me plaire depuis qu'il avait tout obtenu, son amour comme le mien paraissait prendre de nouvelles forces au sein des voluptés, et je me livrais sans réserve à l'idée d'un hymen qui n'était plus mêlé d'aucune amertume ; mais le moment était venu qui devait dissiper l'enchantement. Tous les préparatifs de mon mariage étaient achevés, et nous n'attendions plus que l'arrivée d'un courrier expédié par le baron, et qui devait rapporter quelques papiers de famille. Au lieu de venir, cet homme écrivit que l'expédition de ces papiers éprouvait des obstacles que la présence de M. le baron pouvait seule lever. M. de Jenecée, en maudissant ce contre-temps qui reculait de quelques jours ce qu'il appelait encore son bonheur, et l'obligeait à s'éloigner de moi, partit après nous avoir donné l'assurance qu'il serait de retour dans trois jours, et m'avoir accablée des plus tendres caresses. Je ne sais quel pressentiment affreux me saisit en recevant ses adieux, mais un froid mortel glaça mon cœur; mon père et ma mère, dans la plus parfaite sécurité sur ses intentions, l'embrassèrent en l'appelant leur fils, et je fus la seule qui ne versai pas de larmes. Il s'éloigna, et lorsque j'eus perdu sa chaise de vue, je rentrai, et me précipitant dans les bras de ma mère: « C'en est fait,

« lui dis-je, je ne le verrai plus! » Elle ne concevait rien à mes craintes : cette tendre mère voulait par des raisons combattre un sentiment intérieur. Mon père traita la chose en plaisantant, et dit que je n'étais pas plus rassurante en fait de voyage qu'en fait de blessure.

La terre de Jenecée n'est qu'à trente lieues de Vendôme, et le baron avait promis d'écrire chaque jour jusqu'au moment de son arrivée. Pour avoir ses lettres quelques heures plus tôt, nous étions retournés à la ville. Quatre jours s'étaient passés sans la moindre nouvelle; pendant ce temps j'étais en proie à tout ce que l'attente de la mort a de plus cruel; les larmes avaient repris leur cours; le jour je les versais dans le sein de ma mère, qui me prodiguait des consolations qui ne faisaient qu'aigrir une blessure dont elle ne connaissait pas la profondeur; et la nuit, tous les objets dont j'étais environnée et qui me retraçaient mon opprobre, recevaient le tribut de ces pleurs intarissables. Enfin le cinquième jour, vers les six heures du soir, j'étais assise à mon piano, où j'essayais de me soustraire un moment à moi-même; on annonce une lettre du baron; je tressaille sur ma chaise; ma mère entre, s'assied; mon père approche de la croisée pour en faire la lecture (le jour commençait à tomber), et moi j'attends mon arrêt; mon cœur me disait d'avance que cette lettre contenait celui de ma mort : la voici mot pour mot. Il y a des choses qu'on n'oublie jamais.

Monsieur,

« C'est avec la douleur la plus vive que je me vois contraint de renoncer au bonheur de vous appartenir; d'impérieuses circonstances et des ordres militaires, auxquels un gentilhomme ne peut en aucun temps se soustraire, m'obligent à un sacrifice que je me trouverais trop heureux de racheter de celui de ma vie. J'avais cru devoir vous laisser ignorer les démarches que ma famille avait faites jusqu'ici pour me détourner d'un mariage qu'elle traite de mésalliance, comme si les vertus, les talents, et la beauté, n'étaient pas faits pour honorer même le trône. Sans égard pour les représentations de mes parents et préférant les intérêts de mon amour et de mon bonheur à de vaines considérations consacrées par des préjugés absurdes, qui ne pouvaient même s'élever sans injustice contre le choix de mon cœur, je n'ai pas hésité à presser le moment qui devait imposer silence à l'orgueil en comblant tous mes vœux. Jugez, monsieur, de ma surprise et de mon désespoir en trouvant, à mon arrivée dans ma terre, un ordre sollicité par mes parents auprès de S. M., qui m'interdit la faculté d'unir mon sort à celui de mademoiselle votre fille. Il me reste une lueur d'espérance, je vais partir pour Versailles, et peut-être, en exposant la vérité dans tout son jour, parviendrai-je, à force de supplications, à faire révoquer un ordre tyrannique, surpris au souverain par les intrigues de mes persécuteurs. Dans l'état où je suis, que pourrais-je écrire à celle que je n'ose plus appeler mon Adine? Qu'elle juge par son cœur de l'état du mien. »

La lecture de cette lettre jeta mon père dans une telle fureur et maman dans un si grand étonnement, que ni l'un ni l'autre ne s'étaient aperçus que je m'étais évanouie à la lecture de la première ligne. Les secours ordinaires ne pouvant me faire sortir de ce sommeil léthargique, on fut obligé d'appeler un médecin, et ce ne fut que deux heures après que je recouvrai l'usage de mes sens. Avec ma raison et le sentiment de mes maux, je repris ce courage, cette force d'ame qui rend capable des plus grands efforts, et je ne songeai plus qu'au sacrifice que l'honneur exigeait de moi, après celui qu'en avait obtenu l'amour. Obligée de dissimuler avec la plus tendre des mères, à qui je ne pouvais confier un secret qui était aussi celui d'un autre, et dont la publicité ne pouvait que multiplier les victimes d'une faute dont j'étais seule coupable, je parus goûter les consolations qu'elle m'offrait, et me rendre aux avis de mon père qui me conseillait de l'imiter, et d'opposer le mépris à la conduite indigne du baron. Voici comment il répondit à sa lettre:

« Je vous engage fort, monsieur, à vous épargner le voyage de Versailles, qui ne peut plus avoir de but, puisque les intentions de ma fille et les miennes sont en ce moment conformes à celle de votre souverain, et beaucoup plus irrévocables. Je vous épargnerai les réflexions que votre lettre a fait naître dans mon esprit; elles ne serviraient qu'à vous convaincre que je sais à quoi m'en tenir sur vos excuses, et que je vous juge comme vous vous jugez vous-même. »

J'avais besoin d'un mois pour mûrir mon projet, et m'assurer que les lois de la nature, plus impérieuses que celles de l'honneur, ne s'opposaient pas à son exécution : mais tranquille sur les suites de mon erreur, et toutes mes dispositions faites en conséquence, je partis un soir de Vendôme sous la conduite d'une vieille femme qui m'était fort attachée, et je me rendis dans cette maison. L'abbesse me reçut à la recommandation de la personne qui m'accompagnait et dont la sœur était religieuse dans ce même couvent. Avant d'abandonner la maison paternelle, j'avais écrit une lettre à ma mère, que je laissai dans ma chambre, et dans laquelle je l'instruisais du lieu où je m'étais retirée, et du parti que j'avais cru devoir prendre, parti dont rien ne pouvait me détourner, puisque je n'avais pu trouver, dans ma tendresse sans bornes pour la meilleure des mères, dans mon respect et mon affection pour le père le plus chéri, des motifs suffisants pour m'y soustraire. Je finissais par leur demander leur bénédiction, et leur aveu pour prendre l'habit de novice dans le cloître où j'étais déterminée à finir mes jours. Tous les efforts de ces chers parents, pour me faire renoncer à ma résolution, furent vains; je résistai même aux larmes de ma mère, et au bout de six semaines je fus reçue au nombre des novices. Le jour même de cette lugubre cérémonie, j'écrivis au baron la lettre suivante, dernier monument de mon erreur.

« En reconnaissant la main qui traça ces caractères, vous vous attendez à des plaintes et à des reproches; dissipez ce soupçon, et ne me faites pas cette dernière injure. Lorsque je me plaçai moi-même sur le bord de l'abyme où vous m'avez précipitée, j'en avais mesuré la profondeur; je m'étais familiarisée avec l'idée du péril auquel je m'exposais : je ne vous reproche rien, je ne me reproche rien à moi-même; je pense encore aujourd'hui ce que je pensais le jour où, l'esprit uniquement préoccupé de votre bonheur, je vous disais que *le déshonneur et la honte d'être trahie par l'amour étaient préférables, à mes yeux, à l'idée d'être à charge à l'hymen.* En cessant de m'aimer, et je ne puis vous faire un crime d'un acte involontaire, vous aviez prononcé sur mon sort, et vous n'aviez plus que le choix de mon supplice : en choisissant le plus doux vous avez acquis des droits à ma reconnaissance. Indulgente envers vous, je ne pouvais l'être envers moi, et quitte envers l'amour, je restais engagée envers l'honneur : je viens de lui payer ma dette. En cessant de vivre pour vous, je n'étais plus digne de vivre pour personne, et je n'ai pas à rougir d'avoir balancé un moment sur le parti qui me restait à prendre... Si je n'avais écouté que la voix du désespoir dont je ne pus me défendre à la première nouvelle de votre abandon, je me serais arraché la vie; mais échappée à ce premier mouvement, j'écoutai la voix du devoir; elle me fit envisager, comme suite de cette résolution désespérée, l'infortune dont j'accablais la vieillesse de mes parents, le poignard du remords que je laissais dans votre cœur, la nature, la religion, et la société dont j'offensais les lois.

« Un seul parti conciliait tant d'intérêts divers: celui de consacrer à Dieu une vie destinée à la douleur et au repentir. Je l'ai pris, j'ai mis entre le monde et moi une barrière insurmontable, et j'ai couvert d'un voile sacré ce front marqué par vous du sceau de la honte. C'est du fond de son asile, ou plutôt de sa tombe, que la malheureuse Adine vous adresse un éternel adieu. Puissiez-vous pour votre repos oublier une infortunée dont le crime fut de vous aimer, et que pour prix de tant d'amour vous avez condamnée à la mort... »

Cette lettre produisit un effet que j'étais loin de desirer ni d'attendre; elle réveilla l'amour (puisqu'on déshonore ce nom en l'appliquant au sentiment le plus vulgaire) dans le cœur de celui à qui elle était adressée. Il alla se jeter aux pieds de mon père et de ma mère; il tenta, de concert avec eux, tous les moyens qu'il crut capables d'empêcher la consommation du sacrifice. Mais le charme était rompu, l'illusion détruite, et l'amour était sorti de mon cœur pour n'y rentrer jamais. Votre amitié, madame, l'intérêt que vous m'avez témoigné, ont mêlé quelque douceur à mes maux, et la part que vous avez prise à mes chagrins en a diminué l'amertume. Je viens enfin de prononcer mes vœux, et mon cœur s'applaudit de n'en avoir pas formé d'autres.

LETTRE XV.

MADAME DE NEUVILLE A MADAME DE CLÉNORD.

Paris, 1786.

Voilà donc notre Indien de retour; je le savais bien, moi, que tes pressentiments n'avaient pas le sens commun et que nous reverrions ce cher vagabond. Que t'en revient-il aujourd'hui, de tant de larmes versées inutilement, de tant d'inquiétudes, de tant de regrets prématurés? Mais chacun a sa manie; la tienne est de t'affliger d'avance, et, tandis que tout le monde cherche dans l'avenir ou des consolations ou des jouissances, tu ne veux absolument y voir que des malheurs et des chagrins. Pauvre femme! à force de raison, tu deviendras folle : je n'oublierai jamais ce jour où, le ciel ayant comblé tous tes vœux par la naissance d'une fille, je te trouvai baignant de larmes son berceau; et la réponse que tu me fis quand je t'interrogeai sur la cause de tes pleurs : « Hélas! je pensais, me disais-tu, en regardant cet objet de mes plus tendres affections, à tous les dangers qui menacent son enfance, et je réfléchissais que peut-être un jour, victime du sort le plus cruel, je serais réduite à pleurer sa naissance. » Je m'étonnai seulement que ta prévoyance n'allât pas jusqu'à t'apitoyer sur les maux que lui préparaient ses petits-enfants. Mais je ne sais pourquoi je te gronde, car tu es incorrigible. Tu dis donc qu'il est bien grandi, bien changé, ce pauvre Anatole : il doit être noir à faire peur. Je conçois fort bien ce que tu me dis de son changement au physique, mais au moral je m'y perds : Anatole sage, discret, moraliseur! Ah! vraiment, c'est une belle chose que les voyages, et ce n'est pas sans raison que l'on assure qu'ils forment les jeunes gens! Après tout, je n'ai pas trop envie de me réjouir de la métamorphose, car je ne vois pas ce qu'il peut avoir gagné à changer un caractère auquel on trouverait tant de ressemblance avec le mien (aux passions près, dont, grace au ciel, mon cœur est à jamais à l'abri).

Tout impatiente que je sois d'embrasser notre voyageur, je ne puis avant le mois prochain me procurer ce plaisir; j'ai quelques affaires très importantes à traiter avec la famille de M. de Neuville, s'il est vrai qu'elle respecte assez peu la mémoire de cet homme vénérable pour revenir en justice sur la donation faite de son vivant, à *une jeune parente fort éloignée*, d'une petite terre du produit de douze cents livres de rente: je suis sa veuve, et le soin de défendre sa mémoire est une dette sacrée; l'hymen m'en ferait un devoir si la reconnaissance ne m'en faisait un plaisir. Je ne puis m'absenter en ce moment de Paris, mais j'espère que la fin de mai nous trouvera réunis.

Je suis bien fâchée, ne t'en déplaise, que ma Cécile marche sur les traces de sa mère, et que dans les dons qu'elle tient de toi, mon ange, tu n'aies pas oublié de lui donner ton cœur, tout excellent qu'il est. C'est un funeste présent qu'une sensibilité trop vive : un auteur anglais compare avec raison cette disposition de l'ame à un cadran solaire placé sur la façade d'une maison; il est utile à tout le monde, excepté au propriétaire enfermé dans le logis: une excessive sensibilité rend heureux tout ce qui l'entoure, excepté celui qui l'exerce. Il faut, ma chère, essayer, pendant qu'il en est temps encore, de donner le change à l'ennemi, et, pour y réussir, voici ma recette : intéresser l'amour-propre et éveiller la coquetterie. Charmante maxime, vas-tu dire, et sur-tout dans la bouche d'une mère! De quoi s'agit-il donc? d'étouffer dans ta fille une disposition dangereuse : eh bien! un mal se guérit presque toujours par son contraire, et certes le contraire de la sensibilité c'est la coquetterie. Tu sais ce que j'entends par ce mot: rien autre chose que le desir de plaire, et le talent d'occuper la tête pour laisser le cœur en repos. Ne voilà-t-il pas un grand mal! je n'ai fait autre chose dans toute ma vie, moi qui te parle. De quoi les hommes ont-ils à se plaindre? Aussi long-temps qu'on leur plaît, ils vous adorent; le moyen de leur plaire long-temps est de ne les aimer jamais : ils nous traitent avec légèreté, il ne faut pas être en reste avec eux. Crois-moi, mon enfant, ne mets pas tant d'importance à des bagatelles : ta fille est jeune, jolie, spirituelle; il est bon qu'elle le sache; plus elle aura d'amour-propre, moins elle craindra l'amour, et c'est souvent faute de s'apprécier ce qu'elle vaut, qu'une femme tombe dans le piège de la louange, et paie de son cœur l'éloge qu'on fait de sa personne. Mais sans perdre mon temps à te donner des conseils que tu ne suivras pas, quand je serai sur les lieux, je prêcherai Cécile d'exemple, et tu verras qu'en peu de temps je ferai disparaître cette tristesse qui t'effraie. Je veux me l'adjoindre dans mes projets d'incendier tous les cœurs de vos hobereaux à dix lieues à la ronde. Tu crois que ce fat de Montford pense à ta fille; eh bien! je ne vois pas là de quoi se désespérer : il a une grande fortune, un grand nom, l'espoir d'un double titre de duc, en France et en Angleterre; tout cela ne gâte rien; il a de trop sa réputation, mais on ne peut tout réunir. Si tu t'obstines à n'en pas vouloir, et que ta fille soit de moitié dans ta répugnance, je

saurai bien trouver le moyen de t'en débarrasser;
je connais cet important personnage, et je suis
toujours en fonds pour attraper un fat: l'idée d'avoir
un Montford pour gendre tournera la tête à ton
mari, je le prévois; mais il est bien convenu que
nous ne voulons pas de la qualité aux dépens du
bonheur.

Tu t'attends peut-être que je vais te dire que
loin de toi les jours me paraissent des années; je
serai plus vraie: je m'amuse beaucoup à Paris, ou,
pour mieux dire, le temps y passe si rapidement,
que je n'en ai pas assez pour me rendre compte de
l'emploi que j'en fais. Je suis dans un mouvement si
rapide et si continuel, que je n'ai guère d'autre
sentiment que celui du moment qui passe; si je
retranche de ma journée la toilette, le spectacle,
et les soupers, il ne me reste que cinq ou six heures à donner au sommeil.

C'est un joli état que celui d'une jeune veuve;
c'est dommage que pour y arriver il faille passer sur
la cendre d'un époux, et qu'on ne puisse vous nommer sans éveiller dans votre ame un souvenir affligeant. Voilà bientôt deux ans que j'ai perdu l'homme estimable auquel une mère expirante avait uni
mon sort: son âge, ses infirmités, ma jeunesse, et
mon caractère, tout éloignait l'idée même de l'amour
des rapports qui nous unissaient. Eh bien! croiras-tu
qu'il ne se passe pas un jour que je ne donne une

larme à sa mémoire! A cela près, je suis toujours aussi folle qu'à mon ordinaire (pour me servir de tes expressions, car j'aurais dit aussi sage); ma cour est toujours aussi nombreuse; je l'ai même augmentée depuis quelques jours d'un encyclopédiste et d'un disciple de Mesmer: le premier est bien le plus joli petit philosophe qu'on puisse voir; c'est Fontenelle en miniature; il a promis de composer exprès pour moi un petit traité de la philosophie de Newton dans le goût des *Mondes:* l'autre prétend guérir des maux de nerfs au moyen de son magnétisme; le cher docteur ne sait pas à quoi il s'engage.

Voilà deux heures, je vais me mettre à ma toilette. Adieu, ma bonne, je t'aime avec tes perfections, aime-moi avec mes défauts. L'arrivée de mon frère ne déterminera pas mon père à passer la belle saison à Beauvoir. J'en suis fâchée: nous aurions eu tant de plaisir à nous trouver tous réunis! J'ai quelque envie de connaître cet ami d'Anatole: un Indien! cela doit être au moins aussi curieux qu'un Persan.

LETTRE XVI.

CHARLES A ANATOLE.

Rennes, 1786.

Je te dois compte de toutes mes impressions et de toutes mes pensées, sans la moindre réserve; je ne te ferai pas grace des réflexions que tes deux lettres ont fait naître chez moi. D'abord j'ai vu avec la plus vive satisfaction que ton ame, que tu croyais flétrie par les passions, est neuve encore aux émotions de la nature, et que l'orage des passions n'a pas flétri ta sensibilité. Quand on a tant de plaisir à embrasser son père, on ne peut se plaindre de son cœur; peu s'en faut que je ne sois trop content du tien. Il y a bien long-temps, mon cher Anatole, que je te répéte que tu es dans l'erreur sur ton propre compte; que tu prends l'assoupissement de la fièvre pour le repos de la santé. Je vais te dire un fait qui te paraîtra ridicule, mais qui n'en est pas moins évident à mes yeux : de ces passions, dont tu te supposes bien radicalement guéri, il en est une que tu traites avec un mépris philosophique et dont tu crois avoir tari la source : c'est sans doute l'amour. Eh bien! mon ami, voilà l'écueil que je redoute pour toi, et je le redoute, non parcequ'il est déja couvert des débris de ton naufrage, mais au contraire parcequ'il t'est encore inconnu. Je t'entends d'ici me répondre en souriant de pitié : Moi, je n'ai pas connu l'amour!.... Non, mon ami, tu n'as encore eu que les bonnes fortunes d'Ixion. Tu vas me demander à quel propos cette digression sur l'amour? A propos de quelques expressions de ta dernière lettre, à propos *d'une figure enchanteresse, d'un enfant adorable....* Oui, à propos d'elle, à propos de tout.... Ne va pas croire cependant que je veuille en induire.... m'en préserve le ciel! mais mon amitié vigilante me fait une loi de te donner l'éveil sur un péril dont je te crois menacé et contre lequel tu n'es pas en garde. Il est des maux qu'il faut prévenir, parcequ'ils sont incurables. Pour toi, l'amour est de ce nombre; je te prédis, Anatole, qu'il causera ta perte, si jamais il se rend maître de ton cœur. Prends garde à ses piéges, c'est une mauvaise sauve-garde contre lui, que les liens les plus sacrés; il abuse quelquefois des priviléges de la nature elle-même, et l'honnête homme ne doit jamais oublier qu'il étend presque toujours ses droits aux dépens de nos devoirs. Voilà des conseils assez déplacés puisqu'ils portent sur une crainte chimérique; mais s'ils étaient nécessaires, ils seraient superflus.

Tu connais mon goût pour les gothiques; juge si Beauvoir me convient. Je donnerais tous les palais du monde moderne pour un de ces vieux châteaux à machicoulis et à tourelles, qui me rappellent ces beaux siècles de la chevalerie; siècles où l'amitié eut des autels parmi les hommes. Je sais tout ce que cette institution avait d'absurde aux yeux de la saine philosophie, combien la superstition en déshonorait l'usage; mais je sais aussi que les vrais chevaliers étaient bons citoyens, braves guerriers, défenseurs des faibles et des opprimés, amants fidéles et amis à toute épreuve: ces titres-là rachètent bien des ridicules. De l'emploi de ton temps, dont tu me fais une peinture charmante, je ne voudrais retrancher que les heures que tu consacres à l'instruction d'autrui. Sans la connaître, j'aime déjà toute ta famille (sans même excepter l'enfant adorable), et tu peux l'assurer que le fils adoptif ne sera pas le moins tendre et le moins heureux.

Je m'apprête à déployer tous mes talents géographiques et militaires dans mes discussions politiques avec ton respectable père: si une fois nous sommes aux prises, l'Europe aura beau jeu.

LETTRE XVII.

ANATOLE A CHARLES.

Beauvoir, 1786.

Ta lettre ne m'a point donné d'humeur; j'ai médité tes réflexions auxquelles ton jugement a moins de part que ton amitié; elles m'ont conduit à descendre dans mon propre cœur, à me rendre un compte sévère de ma situation morale, et le résultat de cet examen ne me laisse aucune inquiétude. Tu redoutes pour moi *l'écueil de l'amour;* tu le redoutes parceque je ne l'ai jamais connu.... Eh bien! mon ami, rassure-toi sur mon ignorance; il n'y a pas de naufrage à craindre pour qui ne veut pas mettre en mer.

Tu relèves avec plus de malice que de bonne foi quelques expressions de ma lettre, où tu crois remarquer un peu d'exagération; mon ami, tu verras Cécile, et je suis bien trompé si tu ne me reproches pas de t'en avoir parlé avec trop de réserve.

Tu sais si j'aime à t'ouvrir mon cœur, si depuis

que la sainte couture de l'amitié unit les deux moitiés de nos ames, j'ai cherché à te dérober une seule de mes pensées, un seul de mes sentiments. Je ne feindrai donc pas de me méprendre sur l'objet de certaines réticences que j'ai remarquées dans ta dernière lettre. Je te dirai franchement que j'aime trop Cécile pour craindre de l'aimer; l'amour n'admet point de partage, et son germe ne se développe pas au milieu des affections les plus douces de la nature. Que ne puis-je te peindre tout le calme de mon ame! Tu verrais si rien ressemble moins à la fermentation de l'amour. Ah! périsse le monstre qui oserait jamais flétrir du souffle impur de la séduction, cette jeune plante, l'orgueil de la nature et le terme de sa puissance! Tu voudrais que je retranchasse de l'emploi de mon temps celui que je donne à l'instruction de ma nièce, et que pour éviter un péril imaginaire je m'abstinsse d'un plaisir innocent. Non, mon cher Charles, ma défiance de mes propres forces ne va pas jusqu'à ce point de pusillanimité, et je ne veux pas ressembler à force de prudence à cet anatomiste de l'antiquité, qui, réfléchissant sans cesse sur la fragilité de la texture du corps humain, n'osait faire un pas dans la crainte de briser quelques vaisseaux ou quelques ligaments de sa frêle machine.

Sans préjudice à tes remarques, je vais donc continuer à t'instruire des moindres détails de la vie délicieuse que je mène, et à laquelle ta présence mettra le sceau du bonheur suprême. Mais avec quelque impatience que tu sois attendu, je t'invite cependant à terminer tes affaires avant tout, et à te souvenir qu'un mauvais accommodement vaut mieux qu'un bon procès.

Ta conduite avec tes deux cousins ne m'a point étonné; tu ferais beaucoup de belles actions avant de me surprendre; mais ton récit m'a intéressé jusqu'aux larmes, et, si j'avais été présent à cette scène, je ne sais qui de Victor ou de moi eût été le premier à te sauter au cou. Va, ce n'est pas trop payer de cent cinquante mille francs la certitude de faire le bonheur de trois personnes, le contentement intérieur que cette idée procure, l'approbation de l'homme de bien qui nous juge, et le plaisir si vif d'en instruire son ami : il entre plus d'égoïsme qu'on ne croit dans la bienfaisance. J'ai lu cet endroit de ta lettre hier soir à table; voilà un bon jeune homme, s'est écrié mon père; on est trop heureux d'avoir un pareil ami, a dit ma sœur; viendra-t-il bientôt, a demandé Cécile en s'essuyant les yeux. Je doute qu'elle eût fait la même question si j'avais lu ta lettre tout entière.

J'ai entendu bien des gens se plaindre de l'uniformité de leur manière de vivre; pendant long-temps j'ai cru moi-même que le plaisir consistait principalement à varier les scènes de la vie, et je jugeais de l'existence comme d'un paysage : une vaste plaine couverte de la plus riche moisson à travers laquelle serpente lentement un fleuve égal et profond, n'offre qu'un spectacle monotone et fatigant à la longue ; c'est du concours des montagnes qui étendent et resserrent à chaque pas l'horizon, des vallées, des forêts, des rochers, des cascades, en un mot, c'est de la réunion des divers accidents de la nature variée que résultent ces effets pittoresques dont l'ensemble forme un spectacle enchanteur pour les yeux. Cette comparaison plus brillante que solide m'avait conduit à chercher le bonheur dans la variété des objets et dans la multiplicité des événements : je n'y ai trouvé que dégoût et fatigue. Je vois aujourd'hui que je m'étais trompé dès le premier pas; et me voilà bien convaincu que le bonheur ne se trouve que dans le calme de la vie domestique et dans le retour des mêmes soins et des mêmes sentiments. Je la sens bien vivement aujourd'hui, cette vérité si peu connue, lorsqu'après une journée passée dans le commerce paisible des plus douces affections de l'ame, je ne surprends en moi d'autre desir que celui d'en passer le lendemain une semblable. Connais-tu sur la terre, mon bon ami, un mortel plus heureux que moi? Fils chéri du meilleur et du plus respectable père, je puis enfin payer à la vieillesse la dette sacrée de mon enfance, compenser les bienfaits de l'amour paternel par les tendres soins de l'amour filial, et me rendre digne du bonheur d'être père un jour, en m'acquittant des devoirs de fils. Frère tendrement aimé de deux sœurs également aimables, pour combler tous mes vœux, le ciel a voulu que je possédasse un ami, et que j'eusse la certitude de passer ma vie auprès de tout ce que j'aime.

Tu peux arriver quand tu voudras, ton pavillon est prêt : je l'ai décoré de toutes les curiosités d'histoire naturelle que j'ai apportées de mes voyages, et dont la vue réveille des souvenirs de lieux, de circonstances, et d'objets chers à notre pensée.

Si je ne te parlais pas de mon écolière, je te connais, tu ne manquerais pas d'en tirer des conjectures à perte de vue; pour t'éviter des écarts d'imagination, je veux épuiser ce sujet. Je te dirai donc que je continue mes fonctions de précepteur avec le plus brillant succès; mon zèle est si bien secondé par l'intelligence de mon élève, que je vois avec un sentiment mêlé d'orgueil, de plaisir, et de peine, que je n'aurai bientôt plus rien à lui apprendre. Il est vrai que nous passons à l'étude les deux tiers de la journée, et que le reste n'est pas entièrement perdu pour l'instruction, puisque des lectures ou des conversations sérieuses en remplissent la plus grande partie. Persuadé qu'on ne retire un avantage réel de la lecture qu'en apportant la plus grande attention dans le choix des livres, et en classant avec ordre les objets dans sa mémoire, j'ai commencé par réduire la bibliothèque de Cécile à ce petit nombre d'auteurs originaux, qui ont posé les bornes dans les différents genres de littérature : c'est-à-dire que nous étudions l'art dramatique dans Voltaire, Racine, Corneille, et Molière; l'histoire dans Voltaire, Robertson, et Mably; l'éloquence dans Buffon, Bossuet, et J. J. Rousseau, etc., etc. Pour aider la mémoire dans ses opérations, nous nous occupons rarement dans le même jour de deux branches de littérature. Si nous lisons une tragédie, c'est pour en faire ensuite l'analise, ou en apprendre par cœur les plus beaux endroits et les vers les plus saillants : nous en formons un recueil d'extraits où nous parviendrons à réunir ce que les meilleurs auteurs ont écrit de mieux dans les différents genres. Pour les sciences, dont j'ai cru nécessaire d'enseigner les premiers éléments à ma jeune élève, j'ai cherché une méthode qui lui dérobât en partie les difficultés et les dégoûts qu'en présentent les commencements. Je n'en ai pas trouvé de plus simple que de suivre, autant qu'il a été en moi, la marche de Fontenelle, et de substituer, aussi souvent qu'il est possible, le charme de l'image à l'ennui du précepte. Pour cela, je commence à me rendre bien maître moi-même de ma démonstration, et je la présente ensuite à mon écolière sous une forme sensible qui lui épargne la fatigue des abstractions. C'est de cette manière que nous étudions la physique, l'astronomie, et que nous nous élevons, sans perdre la terre de vue, jusqu'aux sublimes spéculations de la métaphysique. Tu seras surpris, Charles, de l'inconcevable facilité avec laquelle une jeune fille de seize ans saisit des vérités d'un ordre supérieur; avec quelle intelligence elle les ordonne; tu seras forcé d'admirer l'étendue, la justesse, et même la profondeur de ses réflexions; mais ce que tu remarqueras plus vite encore c'est cette exquise sensibilité qui s'approprie les objets les plus arides, et trouve le moyen d'enrichir son ame des trésors de son esprit (tu vois que la crainte des commentaires ne me retient pas). Je voudrais bien savoir effectivement, mon très peureux ami, quel autre que toi pourrait trouver extraordinaire que je fusse glorieux d'appartenir d'aussi près à cette charmante créature; quel autre que toi s'aviserait de me faire un crime d'avoir des yeux et de m'apercevoir que rien de si beau ne s'est encore offert à mes regards, d'avoir un esprit pour découvrir tant de qualités brillantes, et un cœur pour apprécier tant de vertus adorables. La dénomination d'oncle entraîne-t-elle donc celle d'automate, et sera-t-il permis de rendre justice à tout le monde, excepté à sa niéce? Voilà pourtant ce que ta prudence voudrait exiger de moi.

Je partage l'inquiétude de ma sœur sur la santé de cette enfant chérie. Depuis quelques mois elle avait perdu cette gaieté vive dont l'enfance tire son plus grand charme; mais sa santé ne paraissait pas avoir souffert de ce changement moral. Depuis quelques jours je vois avec douleur que les roses de ses joues ont un incarnat moins vif, et je crains qu'à des moments de tristesse ne succède un état habituel de mélancolie. J'ai d'abord cru qu'une très grande application pouvait contribuer à nourrir ce penchant, et j'ai parlé de rendre mes leçons moins longues et moins fréquentes. Comme je me suis aperçu qu'elle ne goûtait pas cette proposition, et que la solitude, qu'elle recherche dans les moments où elle n'est pas occupée, ne fait qu'ajouter à cette disposition mélancolique, j'ai pris le parti de profiter de son goût pour l'étude, pour la laisser le moins possible à elle-même; craignant que sa tristesse n'eût une cause cachée dont elle fît un secret à sa mère, j'ai voulu profiter de la confiance qu'elle me témoigne pour interroger son ingénuité. Nous nous promenions ensemble il y a quelques jours au bord de la rivière; elle paraissait plus rêveuse qu'à l'ordinaire. « Ma chère Cécile, lui dis-je, vous savez combien vous m'êtes chère, et je n'ai pas besoin de vous assurer que la curiosité n'entre pour rien dans la question que je vais vous faire; mais il me semble que vous éprouvez intérieurement quelques peines dont mon amitié s'alarme d'autant plus vivement qu'elle ne peut en démêler la source. Quel nuage peut obscurcir le matin d'une si belle vie? Le ciel vous a comblée sans mesure de tous les biens qu'il verse inégalement sur les autres; quand vous faites le bonheur de tout ce qui vous environne, seule ne seriez-vous pas heureuse? Cécile, ne craignez pas de m'ouvrir votre cœur. — Mon cher oncle, répondit-elle en laissant échapper une larme, comment puis-je vous expliquer ce dont je ne puis me rendre compte à moi-même; comment définir ce sentiment inexplicable de tristesse qui naît du sein même de la félicité? Ma plus grande peine est de ne m'en point connaître. Le seul vœu que je forme est qu'aucun changement ne survienne à ma situation, et que vous me conserviez l'intérêt que vous me témoignez aujourd'hui. » La suite de cette conversation ne m'a procuré d'autre éclaircissement que de me confirmer dans l'idée que la crainte de voir son père autoriser les poursuites du comte de Montford entrait pour quelque chose dans ses inquiétudes.

LETTRE XVIII.

LE MÊME AU MÊME.

Beauvoir, 1786.

Hier nous avons tous été dîner à Mont-Fleury, chez M. le président d'Amercour, qui m'a connu dans mon enfance et qui m'aime beaucoup, par suite de l'attachement qu'il a pour ma famille. Il a pris l'occasion de mon retour pour donner une fête charmante à son château.

Le président est un homme d'un commerce infiniment aimable; la mort de sa femme, qu'il a perdue depuis quelques années, l'a déterminé à la retraite avant l'âge qui la rend nécessaire. Resté veuf avec trois filles, dont les deux aînées sont honorablement établies, il vit dans sa terre, où il s'occupe du soin de rendre heureux ses vassaux dont il est adoré; il partage ses affections entre une mère d'un âge fort avancé, et la plus jeune de ses filles, que son éducation retient encore au couvent, et que la plus tendre intimité unit à Cécile. J'ai fait connaissance hier avec cette jeune personne: ne pouvant résister au plaisir d'embrasser son amie quelques heures plus tôt, elle descendit à Beauvoir avant de se rendre à Mont-Fleury. Nous étions à déjeuner lorsqu'elle arriva : Cécile reconnut la voiture, et courut au-devant de Pauline (c'est le nom de mademoiselle d'Amercour), qui s'élança de la voiture dans les bras de son amie avec la légèreté d'un oiseau. Ces deux jeunes personnes rentrèrent ensemble en se prodiguant les témoignages de la plus vive tendresse; ma sœur, que Pauline appelle sa petite maman, la reçut avec l'affection d'une mère, et, après avoir fait prévenir son père, la retint pour prendre le thé avec nous. Je m'aperçus que j'étais l'objet de l'attention particulière de mademoiselle Pauline, qui de temps en temps parlait bas à l'oreille de Cécile; et, pour ne pas la gêner dans ses petites observations, je paraissais m'occuper de toute autre chose. « Mais à propos, dit ma sœur, il nous manque quelqu'un; où donc est Albert? » A ce nom, je vis sourire Cécile, et rougir son amie, qui crut se tirer d'affaire en se rejetant sur la chaleur du lieu. Je pris d'autant moins le change, que je savais à quoi m'en tenir sur l'inclination naissante de ces deux enfants. Albert entra un moment après : « D'où viens-tu donc si tard? lui demanda mon père. — J'ai été me promener, répondit-il en saluant assez froidement Pauline qui paraissait embarrassée. — Mais nous sortons ensemble ordinairement, ajoutai-je: pourquoi, ce matin, m'as-tu privé de ta compagnie? — Vous allez toujours du même côté, mon oncle, et j'avais envie de changer ma promenade. — Tu t'ennuies des bords de la rivière; et tu as été dans le bois, sans doute? — Pardonnez-moi. » Il paraissait craindre que je continuasse mes questions, et ,Cécile me faisant un signe que j'entendis, je vis que j'avais deviné juste; que le petit neveu, averti de l'arrivée de Pauline, avait été à sa rencontre sur le chemin de Blois, qu'ils s'étaient vus et ne voulaient pas m'en instruire : il eût été trop cruel de jouir plus long-temps de leur embarras; je changeai la conversation.

Si l'on voulait mettre la beauté, la jeunesse et les graces en opposition avec elles-mêmes, on ne pourrait imaginer de contraste plus frappant que celui dont Pauline et Cécile offrent le modèle; il n'existe pas un trait dans la figure de l'une, qui ne plaise par un charme directement contraire à celui qui distingue le même trait dans la figure de l'autre. La figure de Cécile est régulière, et tire son plus grand charme de sa perfection; elle est belle, et on ne la croit que jolie. Pauline, au contraire, a trouvé le secret plus commun de plaire avec les agréments de l'irrégularité. Pauline est blonde, et Cécile est brune ; les jolis yeux noirs de Pauline pétillent de toute la vivacité, de toute la gaieté de son caractère, dont ils sont le miroir fidèle. Les grands yeux bleus de Cécile jettent un feu plus doux, qui pénètre sans éblouir, parceque son foyer est dans l'ame et son action sur le cœur ; jusque dans le moindre mouvement on retrouve l'opposition piquante dont je cherche à te donner une idée. Si Pauline lève les yeux, qu'à l'exemple de son amie elle tient assez ordinairement baissés, l'imagination est mille fois moins prompte et moins brillante que son coup d'œil ; que Cécile veuille porter ses regards sur un objet, elle soulève lentement ses paupières, et lorsqu'elle regarde, on croirait toujours qu'elle admire. Les roses dominent sur le teint de Pauline, les lis sur celui de Cécile. Les cheveux blonds de Pauline semblent, par leur nuance brillante et légère, parfaitement assortis à ses charmes ; les cheveux de Cécile, du noir le plus brillant, dont la poudre n'a point encore altéré la couleur native, rehaussent l'éclatante blancheur du front qu'ils dessinent, du cou qu'ils décorent, relèvent la beauté de son teint et donnent à sa physionomie une expression de tendresse indéfinissable.

Je pourrais continuer le parallèle sur chacun de leurs traits en particulier, opposer la taille de l'une, qu'un peu trop d'embonpoint dépare peut-être, à la taille svelte, élégante et mignonne de l'autre; mais il faut laisser quelque chose à faire à ton imagination, et ménager quelque surprise à ta curiosité.

Je me serais donné beaucoup de peine pour deviner quels rapports pouvaient unir deux jeunes personnes qui paraissent au premier coup d'œil n'en avoir aucun, si mon imagination ne s'était vainement exercée sur ce prodige dont notre amitié offre un second exemple, et dont on ne peut rendre compte qu'en disant avec Corneille :

Il est des nœuds secrets, il est des sympathies, etc.

Apres le déjeuner nos dames se mirent à leur toilette, et Pauline voulut présider elle-même à celle de Cécile.

Jamais je ne l'avais vue si belle qu'hier, et lorsque j'en cherchai la raison, je la trouvai dans tout ce qui manquait à sa parure. Sa tête, au lieu de plumes, de fleurs, de perles, était ornée de ses seuls cheveux, dont les boucles naturelles, abandonnées au hasard d'un désordre apparent, flottaient sur ses épaules ou descendaient sur son cou d'ivoire. Un fourreau de satin blanc enfermait dans ses contours exacts sa taille souple et légère. Au lieu d'un de ces énormes fichus qui exagèrent ridiculement les beautés qu'ils recèlent ou qu'ils supposent, un simple tour de gorge, dont la hauteur paraissait avoir été disputée entre la modestie et les graces, étendait son tissu léger sur des charmes naissants dont il trahissait les formes enchanteresses.

Il fallait bien qu'il y eût ce jour-là quelque chose de céleste en elle, puisque les femmes elles-mêmes ne purent se défendre d'un mouvement d'admiration lorsqu'elle parut au salon.

M. d'Amercour m'annonça comme le frère de madame de Clénord. En ma qualité de voyageur, on fit cercle autour de moi. Quand j'aurais eu les cent bouches de la Renommée, je n'aurais pu répondre à toutes les questions qu'on m'adressait à-la-fois. Je me souvins à propos de l'Ingénu chez le prieur de la Montagne, et j'observai à tous les interrogants personnages que, dans l'Indoustan comme en Huronie, chacun parlait à son tour. Pendant que je tenais tête à tous les baillis et à toutes les demoiselles de Kerkabon de la province, le comte de Montford, que je n'avais pas aperçu en entrant, s'était approché de Cécile qui s'était retirée dans un coin de l'appartement pour causer avec Pauline. Quoique je ne fisse guère attention à ce qui se passait de ce côté, je vis que les deux jeunes amies l'accueillirent assez froidement, et qu'elles s'empressèrent de se rapprocher du groupe où l'on me faisait subir la question.

Lorsqu'on se mit à table, j'eus occasion d'examiner le manège du comte pour se placer auprès de Cécile, et l'adresse dont elle se servit pour déconcerter son plan, en feignant de vouloir se placer d'un côté tandis que Pauline lui ménageait de l'autre une place entre elle et son père. Ce ne fut pas sans laisser percer un peu d'humeur que Montford se vit réduit à s'asseoir à table entre une dame de Siran, coquette un peu surannée, et l'aumônier du château.

La curiosité des convives n'était pas satisfaite; on remit les Indes sur le tapis: les magistrats s'informaient des lois, des coutumes; les gens de lettres, du gouvernement, des mœurs; les jeunes gens, des usages, des manières; les femmes, des occupations de leur sexe, de son influence dans ces pays éloignés, et le chapelain voulait absolument que je lui commentasse le *Veidam*, et que je l'instruisisse de tout ce qui a rapport aux brames et au culte de Wishnou.

Entre autres questions, la dame de Siran s'avisa de me demander si les Indiennes étaient fidèles; le comte, toujours un peu piqué, répondit assez brusquement: «Eh! mon dieu oui, madame, comme par-tout! — Comme par-tout, dans votre bouche, monsieur le comte, reprit la dame, veut dire nulle part; mais permettez qu'on en appelle de votre sentence un peu sévère, à un juge moins prévenu. — J'ai bien peur, dit ma sœur en riant, que nous ne perdions notre procès en seconde instance. — Point du tout, répondis-je, je ne fais point d'épigrammes aux dépens de la vérité: les Indiennes sont toutes fidèles, mais je dois ajouter qu'elles ne voient jamais d'autres hommes que leur mari. — La restriction était bien nécessaire, reprit le comte, pour rendre le fait croyable. » Cette question incidente de la fidélité fit changer la conversation, et devint le sujet d'une discussion où la fatuité du comte joua le rôle principal. Je ne pus tenir à l'envie de réprimer un peu son impertinence, et je le fis avec assez de succès pour mettre les rieurs de mon côté.

« Puisque vous exigez mon opinion sur cette question délicate, je vous dirai que je distingue l'inconstance de l'infidélité; dans la première, je ne vois qu'une erreur, dans l'autre je verrais le plus grand des crimes, s'il était possible; mais, à vous dire vrai, je ne crois pas qu'il puisse exister d'amants infidèles, et je me charge même de laver M. le comte de tous reproches à cet égard (les éclats de rire m'interrompirent un moment).— De grace, mesdames, s'écria le comte du ton le plus ironique et le plus suffisant, laissez continuer monsieur: sans cela on pourrait croire que chacune de vous a de fortes objections à lui opposer.—Voici, continuai-je, le système que je me suis fait à cet égard. Je me représente, pour donner en quelque sorte du corps à ma pensée, les ames des hommes comme autant de boules rondes de différent diamètre et même de différente nature, partagées en deux demi-globes et jetées au hasard sur la terre; chacune des parties a la faculté de se mouvoir et d'attirer l'autre, mais dans cet immense tourbillon, vous concevez la difficulté pour une moitié d'ame, de retrouver la sienne. Aussi, qu'arrive-t-il? trompée par quelque ressemblance, une moitié d'ame en accroche une autre, s'y adapte; mais bientôt désabusée de son erreur, elle se sépare et continue sa recherche, souvent avec si peu de succès, que la vie entière s'écoule sans que la réunion ait pu s'opérer. J'ajouterai qu'il existe de ces moitiés d'ames si usées par le frottement, si difformes à force d'avoir multiplié les essais, en un mot si différentes d'elles-mêmes, qu'elles sont réduites à s'essayer entre elles, et sont à jamais séparées de leur moitié véritable. » Toute la société applaudit à cette allégorie que le comte ne trouva pas de son goût.

Les deux jeunes amies, qui ne pouvaient prendre part ouvertement à cette conversation, n'en perdaient cependant pas un mot, et se chuchotaient à l'oreille les réflexions qu'elle faisait naître dans leur esprit; je devinais à l'expression de leur physionomie naïve, ce qui se passait dans leur ame, et combien elles me savaient gré de ma définition. Le dîner fut long, et ne le parut pas; il fut suivi d'un bal; j'ai à cette occasion un aveu assez humiliant à te faire; depuis long-temps la punition de mes fautes est de te les avouer, comme la récompense de mes bonnes actions est de t'en faire part.

Tu sais, Charles, que j'ai renoncé à la danse, que je range au nombre des folies de la jeunesse; eh bien! j'ai dansé hier; cette faiblesse de volonté est déja quelque chose; mais le fait n'est rien auprès du motif: j'avais tenu bon contre les invitations de ma sœur, de Pauline, de plusieurs dames; Cécile, toujours un peu triste au milieu de la joie commune, ne paraissait pas disposée à la danse; mais les sollicitations de sa mère ayant vaincu sa répugnance, et ne pouvant se soustraire à l'invitation du comte, ils dansèrent ensemble.

J'ignorais jusqu'à quel point de perfection elle possédait ce talent, et je partageai à cet égard le plaisir et l'étonnement de la société; tous les regards s'arrêtèrent sur elle : on admirait sa légèreté, sa grace; on ne pouvait concevoir cet accord de décence et de volupté qui fait en même temps le charme de sa danse et celui de sa personne, et force en quelque sorte le cœur à prendre part au plaisir des yeux. Le comte eut sa part des éloges que l'on prodiguait à sa danseuse, et les méritait en partie. Puisqu'il faut te l'avouer, l'amour-propre dont je me croyais bien guéri, se réveilla un moment dans mon cœur : persuadé que je dansais mieux que M. de Montford, je ne pus résister au desir d'afficher sur lui cette misérable supériorité, et Pauline ayant renouvelé ses instances, j'eus l'air de laisser vaincre ma résolution ; je dansai avec elle. Je me trouvai par hasard vis-à-vis de Cécile ; mais ce fut à dessein que je m'arrangeai pour que le comte se trouvât à la même contredanse ; il importait à ma vanité de ne rien dérober à mon triomphe, et la comparaison immédiate pouvait seule le rendre complet. Tu vas prendre une idée bien petite de moi, quand je t'avouerai que je ressentis un des plaisirs les plus vifs que j'aie éprouvés de ma vie, à la préférence que j'obtins dans cette importante occasion, et à la mortification visible de mon adversaire ; tu souriras de pitié quand tu sauras quelle idée de bonheur j'attachais à entendre dire autour de moi : *Ils ne peuvent souffrir aucune comparaison, le comte saute, et Anatole danse ; sa nièce et lui sont à coup sûr les premiers danseurs de la province.* Quelle gloire ! eh bien ! voilà pourtant celle dont je fus enivré pendant un moment : il est vrai que cet accès du plus sot amour-propre fut de courte durée, et que je ne tardai pas à apprécier de pareils éloges ;

mais pour avoir pu les ambitionner, je mérite bien que tu m'en fasses rougir.

Quand je t'écris, je ne suis embarrassé que de finir; j'ai toujours quelque chose à te dire : par exemple, j'allais oublier de te parler de madame de Neuville. Nous en avons reçu une lettre il y a quelques jours : elle ne doit être ici qu'à la fin de mai, c'est à-peu-près l'époque où je t'attends. L'étourdie termine par ces mots : « Je suis curieuse de connaître cet ami d'Anatole dont tu me parles; *je me figure qu'un créole doit être quelque chose d'extraordinaire; cela vient de loin.* » Dépêche-toi, mon ami, de venir satisfaire la curiosité de ma sœur : tous les vœux t'appellent, tous les sentiments t'attendent.

LETTRE XIX.

CÉCILE A PAULINE.

Beauvoir, 1786.

Il est trois heures du matin, le sommeil n'a pas encore approché de mes yeux; l'histoire de cette pauvre Adine que j'ai voulu relire avant de me coucher en est cause. Pour me distraire et rendre le calme à mon ame, je sors du lit pour t'écrire.... Que je le hais, ce baron de Jenecée! comment peut-il exister un homme assez malheureusement né pour ne pas sentir le prix d'un cœur comme celui de notre malheureuse amie!... Ah! Pauline, aurait-elle raison, ma tante, quand elle soutient que tous les hommes sont légers et parjures? Non, je ne le crois pas, et je ne sais si c'est une illusion de mon cœur (car certainement ce n'en est pas une de mon amour-propre), mais j'ai la conviction que je serai aimée toute ma vie, si je puis l'être un jour.... Être aimée! quelle idée délicieuse! s'il fallait renoncer à cet espoir, où serait la nécessité de vivre? Cette réflexion me conduit naturellement à te parler d'Albert; sais-tu que l'on a remarqué qu'il n'a dansé qu'avec toi? Tu es si étourdie que tu n'y as pas pris garde, je gage; tu dansais avec tant de distraction, que tu ne t'es pas aperçue de la perte de ton bouquet, que tu n'as pas observé celui qui le ramassait : moi j'ai vu tout cela et j'ai même fait attention à l'à-propos des paroles que mon petit frère a chantées à table avec tant d'expression.

J'étais bien sûre que tu serais enchantée de mon oncle; que serait-ce, mon amie, si tu le voyais tous les jours, si dans la familiarité du commerce habituel, tu étais à portée de te convaincre de toutes les perfections de son esprit et de son cœur? Tu ne le juges que sur les formes extérieures, c'est dans son ame qu'il faut pénétrer pour l'apprécier ce qu'il vaut. Connais-tu, Pauline, quelque genre de mérite qu'il ne possède? Quel ascendant il a pris du premier mot sur ce pauvre comte de Montford, assez aveuglé par son amour-propre pour se mesurer avec un pareil adversaire! As-tu remarqué dans la dispute avec quelle adresse mon oncle a su le placer dans l'alternative pénible d'avouer son ignorance ou sa mauvaise foi? Une remarque que tu auras sans doute faite aussi bien que moi, c'est qu'on est tenté de lui donner raison dès qu'il ouvre la bouche; la persuasion semble couler de ses lèvres, et c'est au talent qu'il a de parler toujours au cœur, qu'il faut attribuer le pouvoir qu'il exerce sur les esprits.

Je t'ai su bien bon gré de m'avoir fait remarquer la figure du comte, lorsqu'à son grand étonnement, à celui de toute la société (au mien même, puisque je ne connaissais pas ce talent à Anatole), il se vit encore ravir le prix de la danse par le même adversaire qui venait d'afficher sur lui tant d'autres supériorités. Avec quel plaisir je te voyais, ma chère Pauline, partager avec Anatole l'admiration générale ! Tu n'as jamais si bien dansé à mon avis, pas même lorsque tu danses avec Albert.

Maman a reçu hier une lettre de mon père dans laquelle il laisse entrevoir qu'il verrait avec plaisir la possibilité d'unir mon sort à celui d'un homme que je déteste. Cette idée, ma chère Pauline, me devient chaque jour plus insupportable; plutôt mourir mille fois que de consentir à ces liens abhorrés. Je connais l'étendue de mes devoirs, et mon bonheur consiste à les remplir : mais ces devoirs entraînent-ils l'obligation d'un sacrifice affreux? peuvent-ils me faire une loi du parjure, en me traînant au pied des autels pour y faire un serment contre lequel tout mon cœur se révolte? Je ne cherche point à t'affliger, ma tendre amie, mais un pressentiment douloureux semble m'avertir que je n'aurai pas longtemps à lutter contre l'autorité paternelle; je me sens consumée d'un mal que je ne puis comprendre; un voile funèbre s'étend sur mes jours, et quelque chose m'avertit que le terme n'en est pas éloigné..... Ah! si la nature, si l'amitié ne m'enchaînaient pas à la vie, si les pleurs d'une mère et d'une amie ne devaient pas arroser ma tombe, je la verrais sans effroi cette mort que je redoute bien moins que l'avenir épouvantable dont mon imagination me présente l'image..... Mon amie, j'entre dans ma seizième année, j'y trouverai le terme de mes jours ou le commencement de mes maux. Je ne puis continuer, mon cœur se serre, mes yeux se remplissent de larmes; qu'ai-je donc à pleurer?.... Cinq heures sonnent, je vais me remettre au lit; je n'y trouverai pas le sommeil.

LETTRE XX.

CHARLES A ANATOLE.

Rennes, 1786.

Fuis, Anatole, tu n'as pas un moment à perdre; crois-en ma tendre amitié, crois-en l'homme qui lit mieux que toi dans ton propre cœur; ta dernière lettre me fait frémir; j'y trouve tous les symptômes d'une passion qui ouvre sous tes pas un abyme de maux. Songe à prendre le seul parti qui te reste.... la fuite.... Chaque mot qui t'échappe décèle un amour fatal que tu cherches à te déguiser à toi-même; les étincelles du brasier que tu couves dans ton sein, s'échappent de toutes parts. Anatole, mon cher Anatole, il en est temps encore, étouffe ce feu dont je crains pour toi les terribles effets. Je serais indigne du nom d'ami si, par une lâche complaisance, je te dérobais l'imminence du danger qui te menace; l'étendue des devoirs que tu es près de violer et les suites funestes d'un amour d'autant plus à craindre, que sa violence croîtra en raison des obstacles que les lois, les préjugés, et les circonstances y opposent. Cesse de te faire illusion sur la nature de tes sentiments pour ta nièce. J'ai pitié de toi, quand je t'entends dire avec une apparente sécurité qui en imposerait à tout autre, que l'intérêt que tu prends à Cécile est aussi pur que les liens du sang où il prend sa source. Sans répondre à tous les sophismes, à toutes les subtilités que ton esprit entasse pour tromper ton propre cœur, je me contenterai d'un raisonnement bien simple : si tu m'as peint Cécile telle qu'elle est, tu dois la fuir parcequ'il est impossible de ne pas l'aimer; si ton imagination a flatté son portrait, tu dois la fuir parceque tu l'aimes.

Le progrès du mal est tel à mes yeux, que, si tu diffères, dans un mois te conseiller la fuite, serait *vous* conseiller la mort. Veux-tu que je m'explique entièrement sur ce triste sujet; veux-tu qu'à soixante lieues de toi, je t'apprenne un secret que m'ont dévoilé quelques lignes de ta dernière lettre? C'est peu de brûler en secret pour ta nièce, ta fatale passion est partagée : oui! mais prends garde, Anatole, que cette découverte ne te cause un seul moment de joie!.... Vous avez bu tous deux à la coupe empoisonnée, et le plus coupable, ou du moins le plus indiscret, n'est peut-être pas le plus à plaindre. Maintenant, si mes craintes sont fondées (et fasse le ciel que je sois dans l'erreur!) examinons s'il est pour toi d'autre parti que celui que je propose. La plus aimée, la plus aimable des sœurs, retrouve après dix ans un frère chéri, le presse contre son sein, lui prodigue les soins, les bienfaits de la plus tendre mère, s'abandonne à l'espoir de passer avec lui des jours heureux et paisibles; pleine de confiance dans les principes, dans les vertus de son frère, elle lui confie l'éducation de sa fille, l'objet de son délire maternel, de sa fille sur qui reposent sa joie, son bonheur, son orgueil: dis-moi maintenant, Anatole, si tu peux envisager sans frémir, l'idée de payer tant d'amour, tant de bienfaits, par la séduction.... Tu vas te récrier à ce mot: *Périsse le monstre!*.... Voilà, mon ami, l'expression d'une ame honnête, mais d'une ame embrasée. Va, je connais trop mon ami pour le soupçonner capable de s'arrêter un moment à l'idée de corrompre celle dont il parle avec un si saint enthousiasme. Mais la séduction n'est-elle pas un des éléments de l'amour, de l'amour le plus pur? Son siège est dans les yeux, dans le langage, dans le silence de l'objet qu'on aime; elle agit à l'insu de deux amants vertueux, et l'innocence qui la redoute, l'exerce souvent avec plus de succès que la coquetterie qui la médite. Je résume en deux mots ta position et je comprime mes idées pour en augmenter la force. Si tu restes auprès de Cécile, qu'arrivera-t-il? Tu reconnaîtras avant peu, et peut-être aux plus funestes effets, la réalité de mes craintes; l'a-

mour et son cortége affreux, la jalousie, le soupçon,
l'inquiétude, éteindront dans les orages, l'aurore du
beau jour qui commençait à se lever pour toi. Né
pour le bonheur de tes amis, tu peux avoir un jour
à te reprocher leur infortune; car, Anatole, voyons
les choses sous leur vrai point de vue: si malheureusement tu venais à laisser prendre racine dans le
cœur de ta charmante nièce à une passion, qui, si
j'ai bien saisi son caractère, doit décider à jamais
de son sort, quel serait ton espoir? Je répondrai
pour toi. Rome s'est arrogé le droit de défendre
ou de permettre les mariages entre parents; l'union
de l'oncle et de la nièce est consacrée par plus d'un
exemple. Je ne dirai pas qu'il s'agirait d'une somme
très considérable, elle ne serait jamais au-dessus de
ta fortune tant que la mienne y pourrait atteindre;
mais as-tu calculé jusqu'où pourrait aller la résistance de M. de Clénord; qui a des vues ambitieuses
sur sa fille; as-tu réfléchi à l'impossibilité de faire
consentir ta sœur, élevée dans les principes d'une
morale si pieuse, si sévère, à l'hymen de son frère
avec sa fille? T'es-tu familiarisé avec l'idée de son
désespoir? Non, dans ta sécurité dangereuse, tu
jouis imprudemment d'un calme avant-coureur des
orages qui s'amoncellent sur ta tête, et dont l'explo-
sion subite peut ravager tes plus douces espérances
et celles de ceux qui te sont chers. Mais si, prudent
et courageux, tu t'éloignes pour quelque temps des

lieux où tu ne peux rester sans danger; si tu viens te réfugier au sein de l'amitié, une absence de quelques mois suffira pour étouffer dans ton cœur et dans le sien un sentiment qui, je l'espère, n'est pas encore devenu une condition de votre existence, et lorsque nous serons assurés de nos forces, nous reviendrons nous exposer sans crainte à des périls contre lesquels nous nous serons armés.

Que j'aurais de réflexions à faire sur ta lettre! que j'aurais de choses à dire sur cet aveu si naïf du plaisir que tu as trouvé à humilier le comte; vanité puérile qui est si loin de ton caractère! Mais toutes les remarques que je pourrais faire sur ta conversation au bord de la rivière, sur l'opposition des portraits de Pauline et de Cécile, sur la définition de l'inconstance, etc., sont comprises dans les premières lignes de ma lettre. Fuis, Anatole, tu n'as pas un moment à perdre. Adieu.

P. S. Je t'écrirai demain pour te parler de mes affaires; aujourd'hui je n'ai pu m'occuper que de toi.

LETTRE XXI.

LE COMTE DE MONTFORD AU DUC DE .... [1].

.... 1786.

Non, mon cher duc, je ne suis pas mort tout-à-fait, mais peu s'en faut, et tu peux, à la rigueur, regarder cette lettre comme un billet d'enterrement; en d'autres mots, je me marie..... Tu n'en crois pas tes yeux; tu relis dix fois ces premières lignes, et quand tu t'es bien assuré qu'il n'y a pas là de *lapsus calami*, comme dirait notre vieux gouverneur, tu fais atteler ton phaéton pour aller colporter cette nouvelle chez nos amis, et sur-tout chez nos amies... Doucement, monsieur l'indiscret, je me marie ne veut pas dire que je sois marié, mais que j'ai peur d'être obligé de finir par-là. Autre exclamation de ta part : « ! Montford amoureux, en province, de la

---

[1] Nous n'avons pu retrouver que cette seule lettre du comte de Montford ; nous regrettons la suite d'une correspondance où le lecteur aurait trouvé sans doute une esquisse fidèle des mœurs de la cour à cette époque.

fille ou de la veuve de quelque hobereau des bords de la Loire! Ce brillant émule des Valmont, des Lovelace de France et d'Angleterre, au milieu de ses triomphes se voit réduit à mettre bas les armes, et à capituler aux pieds d'une petite provinciale. » Il y a bien quelque chose de vrai dans tout cela; mais en m'écoutant jusqu'au bout, tu finiras peut-être par m'entendre.

D'abord la jeune personne est ravissante; et si tu me promets de ne me point trahir, je te dirai que sa présentation à la cour y ferait une véritable révolution; voilà pour l'amour-propre. Sa famille maternelle a de l'illustration; son père *n'est seigneur suzerain que d'un million d'écus*, mais je suis moins difficile que d'Hozier, et je prends ces titres-là pour des preuves. !Ainsi donc, moi, si fier de l'antiquité de ma race, des vingt-quatre quartiers d'une noblesse qui remonte, parchemins sur table, au temps d'Arthus et de Charlemagne, j'interromprais cette longue lignée de florissants ancêtres; le sang des Montford s'allierait à celui d'un fournisseur de la marine!... C'est une honte! c'est une abomination! C'est tout ce que tu voudras, mon cher; mais ainsi va le monde. Tu ne veux pas voir que le siècle tourne à la roture, et que nous ne pouvons plus dire, comme ce *bien aimé* Louis XV, d'insouciante mémoire: « Qu'importe? cela durera autant « que nous. »

Quand je me mets à réfléchir, ce qui m'arrive d'ailleurs rarement, je suis tout surpris de la sécurité avec laquelle nous marchons, nous autres grands seigneurs, sur un sol épuisé par le despotisme, et miné depuis un demi-siècle par la philosophie. Je m'apercevais depuis quelque temps qu'une agitation sourde, un invincible besoin de changement, travaillait la nation entière, et se faisait sentir jusqu'à la cour. On y respire je ne sais quelle odeur d'indépendance qui monte à la tête, et ne tardera pas à causer des vertiges. Mon cher duc, dans cet état de choses, j'ai fait mon thème en deux façons. J'ai commencé par jouir le plus complétement et le plus vite possible de ma jeunesse et de ma position sociale; maintenant je m'arrange pour tirer parti d'un avenir que je prévois. Avec de grands biens j'ai beaucoup de dettes, et je me décide à les payer, dans la supposition très gratuite, selon toi, qu'il viendra un temps où les gens comme il faut ne se débarrasseront pas autrement de leurs créanciers.

Maintenant faut-il te faire un aveu plus pénible? J'ai pris la résolution d'épouser dans toutes les règles la fille d'un parvenu : j'ai laissé percer mes intentions, et je n'ai encore fait que la conquête de mon futur beau-père.... Non... d'honneur! je ne me crois pas fort avant dans les bonnes graces de la jeune personne. J'avais d'abord eu quelque envie de l'en punir en adressant mon hommage à sa jeune amie, la fille du président d'Amercour, qui n'est pas tout-à-fait aussi riche ni aussi jolie que Cécile, mais dont la naissance a quelque chose de moins inconvenant. Je suis revenu sur cette idée. Après tout, c'est bien le moins dans une pareille aventure de rencontrer quelques obstacles : on a le plaisir de les vaincre. Le plus grand ou plutôt le seul auquel je puisse donner quelque attention naîtra de l'opposition d'un certain oncle tout récemment arrivé du fond des Indes-Orientales, et auquel il se pourrait que je n'eusse pas le bonheur de plaire. Cette espèce de demi-sauvage n'a pas appris à vivre au service des princes indiens, et je ne serais pas étonné que nous eussions un jour maille à partir.

Je n'ai pas besoin de te dire, mon cher duc, que cette lettre est tout-à-fait confidentielle ; tu peux cependant en trahir le secret auprès de l'adorable Julie, si tu crois que cela puisse avancer tes affaires.

.... J'ai besoin qu'on me succède,
Et j'aime en toi mon héritier.

LETTRE XXII.

PAULINE A CÉCILE.

....1786

D'où peut naître, ma Cécile, la profonde douleur dans laquelle tu m'as paru plongée et que respire la dernière lettre que j'ai reçue de toi?.... Plus j'y réfléchis, plus je m'y perds! Pendant la journée que nous avons passée ensemble, j'ai remarqué avec douleur le changement prodigieux qui s'est fait en toi..... De fréquents soupirs trahissaient le trouble de ton cœur, tes yeux plus d'une fois se sont remplis de larmes..... Bonne amie, tu as quelques peines secrètes que tu caches à Pauline!.... quelques chagrins profonds!.... Je sens bien que ce vilain comte de Montford y doit entrer pour quelque chose; mais après tout, son sot amour ne peut t'inquiéter au point d'influer aussi visiblement sur ton bonheur et sur ta santé; car enfin le pis-aller sera de déclarer à ton père, lorsqu'il en sera temps, que tu n'en veux point. On ne marie pas les gens de force peut-être. Tu sais combien j'aime et je respecte mon père; il m'en coûterait sans doute pour résister à ses volontés; mais s'il avait l'injustice de me contraindre à faire un choix qui répugnât à mon cœur, je lui signifierais très respectueusement un refus positif; et si l'on me traînait à l'autel, j'y recueillerais toutes mes forces pour prononcer un *non* si clair, si distinct, qu'il faudrait que le ciel et les hommes fussent archi-sourds pour ne pas l'entendre. L'état où tu es me paraît d'autant moins naturel, que je n'ai rien vu autour de toi qui ne dût assurer ton bonheur. Jamais fille au monde n'a reçu les embrassements d'une plus tendre mère; ton grand-père te regarde, à peu de chose près, comme une divinité; ton frère a pour toi la tendresse la plus vive; ta beauté reçoit les hommages les plus flatteurs, et tu ne peux faire un pas dans le lieu qui t'a vue naître, sans recevoir le tribut de bénédiction et d'amour que tes vertus et celles de ta mère imposent journellement à l'infortune reconnaissante; tu as une amie qui aimerait bien mieux te prouver que te dire à quel point tu lui es chère; enfin pour mettre la dernière main à ta félicité, le ciel fit exprès pour toi un oncle comme on n'en voit pas: et tu n'es pas heureuse!.... Que te faut-il donc, Cécile?.... Tiens, mon enfant, je crois que j'ai deviné: ne serais-tu pas dans le cas de la jeune fille dont parle notre Rousseau dans Émile, de cette

Sophie qui ne trouvant pas à exercer son imagination ardente et son excessive sensibilité sur des objets dignes d'elle, s'avisa de se prendre d'une belle passion pour Télémaque, et mourut du regret de ne pouvoir donner un corps à sa chimère? Défie-toi de ton cœur, mon amie, et crois que la raison n'est pas toujours la meilleure arme à lui opposer; un grain de folie a quelquefois son mérite. Tu vas dire que je trouve mon compte à faire son éloge; mais ta sagesse m'a si souvent été utile, que je voudrais bien à mon tour que mon étourderie te fût bonne à quelque chose.

Savez-vous, mademoiselle l'observatrice, que je me fâcherais de vos remarques si je ne craignais pas que vous en tirassiez la conclusion qu'elles sont justes? Pauvre Albert! soutenir qu'il n'a dansé qu'avec moi, tandis qu'il est de fait que j'ai deux fois dansé avec un autre! m'accuser ironiquement de distraction, parceque je n'ai pas daigné ramasser un bouquet fané, et que celui qui avait pris ce soin a oublié de me le rendre! Comme la méchanceté tire parti de tout! Un pauvre jeune homme chante des couplets d'un opéra nouveau..... et vite à l'application! Ah! pourquoi cet Anatole s'avise-t-il d'être un oncle? Mais puisqu'il est le tien et que tu supposes que je t'envie le titre de nièce, nous pouvons sans risque parler de lui. Il faut avouer que c'est une bien aimable créature, et qu'un cœur libre doit avoir bien de la peine à échapper à un homme aussi séduisant. Je me suis beaucoup amusée à voir l'impression plus ou moins prompte qu'il a faite sur toutes nos dames; mais ce qui m'a bien surprise (grace à sa réputation d'homme à bonne fortune), c'est l'indifférence avec laquelle il a reçu toutes leurs petites agaceries. Hommes, femmes, tout le monde en raffole; mon père me faisait rire par son empressement à faire faire silence, quand Anatole ouvrait la bouche, et par l'expression de joie qui brillait sur sa figure à chaque trait spirituel qui échappait à son jeune ami. Quant au pauvre Montford, je le tiens pour perdu même dans l'esprit de madame Siran.

Je me crois en conscience obligée de te restituer les éloges que tu me fais partager avec ton oncle; quand il s'agit de toi, je n'ai plus d'amour-propre; par exemple, je sais parfaitement, lorsque nous dansons ensemble, qu'on n'a des yeux que pour toi, et pourtant je n'ai jamais plus de plaisir que lorsque nous dansons ensemble; sais-tu pourquoi? c'est que je prends ma part de tous les compliments qu'on t'adresse, au point que je n'oublie jamais de rougir chaque fois qu'on te dit que tu es belle.

Cruelle amie! quelle image oses-tu me présenter! tu parles de mourir; pour éloigner cette pensée horrible et déraisonnable, songe seulement à ceux dont la vie est liée à la tienne; ah! Pauline ne te survivrait pas.... Mais c'est bien là le temps de penser à une éternelle séparation, quand il faut s'occuper de notre réunion prochaine : c'est dans quinze jours que je sors du couvent; dans quinze jours je n'aurai plus devant les yeux ces tristes grilles, ces hautes murailles, ces figures embéguinées qui me semblent autant de spectres attachés à mes pas. Au lieu de cela, je verrai à chaque instant du jour ma chère Cécile.... et *mon petit Blaise tout à mon aise*. Il m'en coûtera cependant pour dire adieu à cette pauvre Adine; quand je n'y serai plus, elle n'aura personne dans le sein de qui elle puisse pleurer! Je regrette aussi madame l'abbesse, c'est une si bonne personne! Quand elle veut citer un exemple de sagesse aux pensionnaires, c'est toujours mademoiselle Cécile qu'elle propose; mais elle aurait pu se dispenser de faire passer en proverbe dans le couvent : étourdie comme mademoiselle Pauline.

LETTRE XXIII.

MADAME DE CLÉNORD A MADAME DE NEUVILLE.

1786.

Mes craintes redoublent; si ma fille allait succomber à une maladie de langueur dont elle est atteinte depuis quelques mois! J'ai consulté tous les médecins de la province; ils ne connaissent rien à son état. Ma sœur, mon amie, conçois-tu mes chagrins? si j'allais la perdre! perdre Cécile! il faudrait bien que sa mère la suivît au tombeau. La religion, la religion même, dans laquelle je trouve des secours contre tous les événements de la vie, ne m'en offre plus dans cette horrible supposition. Ne crois pas, mon amie, que la frayeur m'exagère la situation de ma fille: elle devient de jour en jour plus alarmante; les roses de son teint ont entièrement disparu; si elles eussent été remplacées par cette pâleur qui caractérise une maladie assez commune parmi les jeunes personnes de cet âge, je serais moins inquiète; mais à quoi attribuer au sein du bonheur, ce dépérissement sensible, ce découragement de la vie, ce dégoût pour toute espèce d'aliment, porté au point qu'il faille avoir recours aux prières pour la déterminer à prendre quelque nourriture? Eh bien! malgré tous ces symptômes, avant-coureurs certains de quelque grande maladie, elle assure qu'elle ne souffre pas : tous mes efforts pour découvrir si quelques chagrins secrets, si quelque cause morale avait part à ce désordre physique, ont été inutiles; je l'ai sollicitée de m'ouvrir son cœur, de confier à sa tendre mère le sujet des pleurs qui coulent habituellement de ses yeux; j'ai mêlé mes larmes aux siennes; je l'ai rassurée sur les vues que paraît avoir son père pour son établissement; je lui ai promis que je m'opposerais de tout mon pouvoir à tout projet de mariage qui n'aurait pas l'aveu de son cœur. Pour toute réponse, elle a caché sa tête dans mon sein, et j'ai senti frémir tout son corps. Mon Dieu! qu'est-ce que cela signifie?.... J'ai essayé les moyens de dissipation que j'ai cru propres à la distraire; elle aimait la danse avec passion; dans une fête que M. d'Amercour a donnée dernièrement pour célébrer le retour de mon frère, elle n'a dansé que deux contredanses, et j'ai bien vu qu'elle dansait pour mon plaisir beaucoup plus que pour le sien.

Dimanche dernier, quelques dames s'étaient réunies à Beauvoir; avec le secours d'Anatole, nous voulûmes improviser un petit bal. Un domestique de M. d'Amercour et le ménétrier du village nous eurent bientôt composé un orchestre. Cécile, attentive à nos moindres démarches, démêla facilement mon intention, et parut se livrer un moment au plaisir que je cherchais à lui procurer. J'avais mis mon frère dans ma confidence; il avait même promis de prêcher d'exemple : l'oncle et la nièce dansèrent ensemble; insensiblement la gaieté d'Anatole gagna Cécile; les roses de la santé reparurent un moment sur ses joues; on faisait cercle autour d'eux. Tu peux te faire une idée de mon bonheur. Le vieux chevalier de Saint-Julien s'écria dans ce délire poétique auquel il est sujet : « D'honneur ! je crois voir Adonis dansant avec Hébé ! — Pourquoi pas Mars avec Vénus ? » dit assez bêtement le comte de Montford qui, debout auprès d'un arbre, regardait la danse avec une indifférence affectée. Je riais de la querelle mythologique qui commençait à s'élever à ce sujet entre le comte et le chevalier, et j'avais un moment perdu de vue nos danseurs, lorsqu'un cri général vint me glacer d'effroi. Je m'avançai précipitamment vers le cercle, et je vis Anatole, dont le pied avait glissé sur le gazon, étendu presque sans mouvement. Tout occupée de lui procurer des secours, je ne m'étais pas aperçue que Cécile, au moment de la chute de son oncle, avait perdu connaissance. Figure-toi ma situation entre ma fille évanouie, et mon frère dont je croyais la jambe cassée : cet événement n'eut cependant d'autre suite que de dissiper trop promptement l'illusion agréable qui m'avait séduite, en voyant ma fille prendre quelque part à ce petit divertissement. Le bal fût interrompu; Cécile revint à elle, et Anatole en fut quitte pour une foulure qui fut guérie en deux jours. J'ai payé bien cher un moment d'espoir.... Depuis lors chaque jour ajoute à mes craintes sur l'état de ma fille; ses forces l'abandonnent entièrement, et je la vois s'éteindre de langueur, à l'âge où la nature n'a pour l'ordinaire à lutter que contre sa propre énergie.

Si tu savais avec quelle tendresse mon frère partage mon affection et mes soins : la promenade est un exercice que les médecins ont particulièrement recommandé; aussi manquons-nous rarement, ma fille, mon père, Anatole, et moi, de sortir après dîner, et nous mesurons la longueur de notre course sur les forces de la chère malade.

Une scène à laquelle une de nos promenades a donné lieu, m'a procuré le plaisir le plus vif que j'aie peut-être éprouvé de ma vie : c'est te dire assez que ma fille en était l'objet. La semaine dernière, la voyant un peu mieux portante, je proposai de pousser notre promenade en voiture jusqu'à la ferme des *Bruyères.* « Nous n'avons pas vu ta nourrice,

dis-je à Cécile, depuis le malheur qui lui est arrivé. »
(Je ne sais si je t'ai dit que la maison de cette pauvre
femme avait été brûlée il y a deux mois.) Ma fille
s'excusait sur la longueur du trajet, et ce ne fut
qu'à force de sollicitations que nous la décidâmes
à entreprendre ce petit voyage. En approchant de
la demeure de la nourrice, juge de ma surprise en
voyant une jolie maisonnette toute neuve au lieu
des décombres que je croyais trouver. Cécile nous
devança, et revint, un moment après, au devant de
nous avec la nourrice et toute sa famille. « Eh bien!
ma bonne femme, lui dis-je, je vois avec bien de la
satisfaction que vous avez trouvé les moyens de réparer les désastres de l'incendie. — C'est un si bon
homme, un si bon parent que le curé! interrompit
Cécile; il a des secours prêts pour toutes les infor-
tunes. » La bonne femme regardait Cécile en pleurant, et semblait vouloir parler; sa contrainte ne
m'échappait pas, mais j'en étais moins occupée
que du plaisir de voir ma fille distribuant ses lar-
gesses à la petite famille rassemblée autour d'elle,
tandis que Charlot, son frère de lait, fier de porter
sa pelisse qu'elle lui avait confiée, faisait à sa mère
des signes auxquels je ne concevais rien.

Nous visitâmes toute la maison; Anatole, qui probablement avait déja deviné le secret, s'entretenait
tout bas avec mon père, qui répéta plusieurs fois en

essuyant ses yeux : « Mais c'est un ange que cet enfant-là ! » Je ne doutais plus qu'ils ne parlassent de Cécile; le curé entra : «M. le curé, vous venez à propos, lui dit mon père, pour recevoir le témoignage de notre admiration. — De quoi s'agit-il? demanda ce bon prêtre avec l'air de la surprise. —Le lieu où nous sommes et l'intérêt que je prends à cette honnête famille, ajoutai-je, doivent vous le faire deviner. » En parlant, je jetai les yeux sur Cécile, qui cherchait à faire entendre par geste au curé ce qu'il devait répondre : « Allons, pasteur, dit en souriant Anatole, avouez que c'est vous qui êtes venu au secours de la nourrice, et qui avez fait réparer sa maison.— Ah ! je vous entends à présent ; mademoiselle, reprit le curé en s'adressant à Cécile, vous ne vous contentez pas de faire le bien, vous voulez encore le rejeter sur autrui; non pas, s'il vous plaît, *suum cuique;* je ne me charge pas des honneurs d'une bonne action dont je n'ai pas eu le plaisir. Vous saurez donc, madame et messieurs, que mademoiselle de Clénord, ici présente, est l'auteur de tout ceci; que c'est elle qui, le surlendemain du jour où l'incendie consuma la maison de ma pauvre parente, envoya sur les lieux Pichard, le maître maçon, avec des ordres et des instructions pour construire la jolie maisonnette où nous sommes. Pour moi, je n'ai d'autre part à cette bonne œuvre, si fort au-dessus de mes facultés, que d'avoir fourni l'idée du petit monument que ma cousine a voulu élever à la reconnaissance. » En disant cela, le curé nous conduisit dans une espèce de petite cellule à l'une des extrémités du bâtiment, où l'on avait placé une petite statue représentant sainte Cécile, devant laquelle brûlait une bougie de cire jaune, avec cette inscription : *A sainte Cécile, patrone de Cécile bienfaisante.* Ah! ma chère, avec quelle ivresse je serrai ma fille contre mon cœur! avec quel orgueil je recueillis ses larmes dans mon sein! Tout le monde sanglottait, jusqu'aux petits enfants; mais le bon Anatole paraissait absorbé dans la contemplation de cette scène touchante.

Nous sortîmes de la petite chapelle, pleins de la plus douce émotion, Cécile témoignant au digne pasteur et à sa nourrice qui l'accablait de caresses, combien leur reconnaissance était au-dessus d'un bienfait si naturel envers une seconde mère.

En retournant à Beauvoir, Cécile s'excusa de ne m'avoir pas fait partager cette bonne œuvre dans la crainte d'épuiser sur une seule personne des secours que je distribuais à plusieurs familles · elle avait employé à cet usage les économies qu'elle avait en réserve pour sa toilette. Si tu trouves, ma bonne, que je me suis beaucoup étendue sur ce petit événement, n'oublie pas que c'est de ma fille que je parle, de ma fille pour qui tu connais mon idolâtrie, et dont la santé me cause de si vives inquiétudes.

Tes affaires te retiendront-elles encore long-temps à Paris? Ta présence serait d'un grand soulagement pour moi. Anatole, ma fille et mon père t'embrassent : mon mari ne reviendra pas avant la fin de septembre.

P. S. Mon père veut absolument partir dans les premiers jours de la semaine prochaine.

LETTRE XXIV.

CHARLES A ANATOLE.

1786.

Dans ma dernière lettre, j'étais si occupé de ta situation et du danger qui te menace, que je n'ai pu te parler d'autre chose; aujourd'hui que je suis plus tranquille, sans en avoir d'autre sujet que l'espoir de te trouver docile aux conseils de l'amitié, je vais me distraire en te parlant de la vie que je mène loin de toi.

Mes affaires ont pris la tournure la plus favorable, grace aux soins de mon frère qui m'a mis en main le fil avec lequel je me suis tiré du dédale de la chicane : avant la fin de ce mois, je serai entièrement hors des filets du greffe. Un premier aperçu de mes affaires me met en possession de soixante-quinze mille livres de rente au moins, sans parler de mes biens de l'Ile-de-France. Tu vois, mon ami, que ma générosité envers mes cousins n'a rien de bien héroïque, et que c'est acheter à bien bon marché les témoignages de gratitude dont ils me comblent. Nous nous voyions assez régulièrement, tantôt chez eux, tantôt chez Victor; les deux frères vivent ensemble dans la plus tendre intimité; la succession de leur oncle les met, sinon, dans l'opulence, du moins dans cette aisance de la médiocrité où se réfugie plus ordinairement le bonheur. Une assez jolie maison que j'ai à Rennes et dont j'ai voulu qu'ils fussent locataires, contribue à rendre leur situation très tolérable. Hippolyte, celui des deux frères qui n'est pas marié, est un garçon très aimable, auquel il ne manque que de la culture pour faire un homme de mérite; il est naturellement bon, généreux, et sincère; l'autre inférieur, je crois, par les qualités du cœur, est infiniment plus instruit. Depuis quelques semaines, je ne vais plus que très rarement chez eux, et je te dois l'aveu du motif qui m'a déterminé à rendre mes visites moins fréquentes. La première fois que j'ai rencontré mes cousins chez Victor, je vis aussi l'épouse du cadet; je la trouvai aimable et jolie; depuis, je me suis interrogé de nouveau sur son compte, et j'ai été surpris de la trouver *adorable et belle*. Comme ce n'est pas du tout la marche du cœur humain, et qu'à la première vue on s'exagère ordinairement les qualités des objets, je me suis demandé s'il n'existait pas une passion à qui cette façon de voir fût particulière; la réflexion a nommé l'amour, et j'ai pris l'alarme. S'il faut tout dire, et fatuité à part, j'avais déja cru remarquer que ma petite cousine poussait un peu loin la reconnaissance. Je n'ai pas eu besoin, pour me déterminer, d'invoquer les principes d'une morale, peut-être un peu sévère dans l'état de nos mœurs; je me suis dit : J'ai rendu quelques services au mari de cette femme; dois-je les lui faire payer de son bonheur (je ne me sers pas du mot bonheur qui, dans ce cas, ne signifie rien, ou qui signifie celui que je lui substitue)? dois-je faire d'une action honnête un instrument criminel? La brusque réponse de ma conscience ne m'a pas laissé le temps de consulter mon cœur, et j'ai pris le parti d'éloigner d'abord et de supprimer ensuite mes visites dans cette maison.

Les vertus, les qualités nouvelles que je découvre dans mon frère, me le rendent de jour en jour plus cher; il n'est pas jusqu'à ses défauts qui ne m'attachent à lui : le misanthrope qui ne hait les hommes que pour s'éviter la peine de les servir, de les instruire, de les consoler, mérite sans doute de recueillir le mépris en échange d'une haine dont la source est dans son égoisme; mais le misanthrope dont l'aversion pour les hommes naît au contraire de son amour pour l'humanité; qui passe sa vie à défendre le faible, à démasquer le traître, à combattre le puissant injuste, à secourir le pauvre, à venger l'innocent; cet homme, dont Victor est le modèle, aura beau me dire qu'il a les hommes en horreur, il ne méritera pas moins d'en être l'idole. Je veux te faire connaître avec quelle chaleur il soutient la cause de l'humanité, même contre la tyrannie des lois, en te communiquant son opinion sur une sentence que l'on vient de rendre ici.

Un jour de la semaine dernière, il avait à souper plusieurs de ses collègues, conseillers ou présidents au parlement. Pendant le repas, on parla du procès d'une malheureuse fille condamnée à mort pour avoir fait périr l'enfant qu'elle venait de mettre au monde. La plupart de ces messieurs semblaient reprocher à Victor la chaleur avec laquelle il avait défendu cette femme criminelle, pendant l'instruction de son procès. Voici presque mot à mot sa réponse : « A Dieu ne plaise que je veuille chercher à pallier le crime du monstre qui porte une main parricide sur l'être qui lui doit le jour; mais s'il est permis d'arrêter un moment ses yeux sur l'épouvantable tableau de la société, doit-on passer sous silence l'inconséquence et la barbarie de nos lois? Chez toutes les nations de l'Europe, quelle est la punition d'une femme qui attente aux jours de son enfant? la mort! Chez ces mêmes nations quel est le sort d'une fille qui, cédant au plus irrésistible des penchants, s'expose à devenir mère? l'infamie chez toutes; des punitions corporelles chez quelques unes. Qui n'aperçoit au premier coup d'œil que cette loi qui punit de mort la mère coupable, est elle-même un des agents du crime qu'elle poursuit, puisque c'est au desir d'échapper à l'infamie dont elle note la faiblesse, qu'il faut presque toujours attribuer cet attentat contre nature. Mais le crime est commis, c'est le plus horrible de ceux qui affligent la société; donc il doit être puni de la peine capitale. Vous savez tous, messieurs, quelle est mon opinion sur la peine de mort en général: je crois que s'il est une vérité démontrée, incontestable, que n'ont jamais pu obscurcir à mes yeux tous les sophismes entassés contre elle, c'est que le droit de mort n'appartient qu'à la nature, et que la société qui se l'arroge, se rend coupable du crime qu'elle croit venger; mais laissons les principes généraux. Tuer son enfant est de tous les forfaits le plus horrible aux yeux de la nature qui fit de l'amour maternel le premier lien entre tous les êtres; mais sur quels principes la société le jugerait-elle aussi sévèrement? Cette société ne reconnaît pas les enfants nés hors du mariage, et puisque l'être moral, à qui l'on donne ce nom de société, doit être considéré comme une mère commune, la mère commune donne à la mère individuelle la première idée de son crime. Comment ensuite peut-elle sans démence punir de mort le meurtre d'un enfant qu'elle avait d'abord condamné à ne pas être, et qu'à sa naissance elle a rejeté de son sein? S'il existait un tribunal qui jugeât les sociétés et les individus, l'enfant mort y pourrait citer pour le même crime le juge et le coupable. Voyons maintenant sous quel jour l'un et l'autre pourraient chercher devant ce tribunal à faire excuser leur forfait. J'ai rendu au néant, dirait la femme parricide, un être qui n'en devait pas sortir et qui n'avait pas encore le sentiment de son existence; j'ai repris la vie à un enfant à qui je l'avais donnée; j'ai enlevé, j'ai ravi à la société un individu proscrit par elle, dont l'existence incertaine était à charge à celle dont il la tient et devait l'être un jour à lui-même. Que dirait la société? Pour réparation de la mort d'un enfant, j'ai tué une femme, c'est-à-dire que, pour venger le trépas d'un individu entrant à peine dans la vie, j'ai cru devoir immoler une génération. J'ai puni le crime qui rompt sans douleur le fil imperceptible d'un enfant nouveau-né, par le crime qui brise tous les liens qui enchaînent sa mère au monde; j'ai lavé dans son sang et dans les larmes d'une famille entière une goutte de ce même sang que j'appelle impur... (Ici un de ces messieurs interrompit l'orateur, et lui observa qu'il perdait de vue l'intention de la loi qui n'avait d'autre but que d'épouvanter le crime par des exemples.) Hommes humains et prévoyants, reprit Victor avec un sourire amer, craignez-vous que le parricide ne devienne à la mode, que les mères ne se fassent une douce habitude de plonger un poignard dans le cœur de leurs enfants? Écoutez les derniers mots de la malheureuse que vous avez dernièrement condamnée; son confesseur l'invitait à prendre courage : *Il en faut mille fois moins,* lui répondit-elle, *pour marcher au supplice que pour étouffer son enfant.*

« Effectivement, comment espère-t-on retenir par l'idée de la mort celle qui a pu envisager un moment son crime de sang-froid? Quel supplice opposer à qui se livre volontairement au plus horrible de tous? — Mais enfin, mon frère, lui dis-je, vous ne voulez pas qu'on laisse impunis de pareils forfaits. — M'en préserve le ciel ! continua-t-il; mais je veux que les lois commencent par ôter au crime son affreux prétexte, je veux qu'elles en mesurent la punition sur les droits de la société dont la vie des hommes est la limite; sur la nature du délit et principalement sur ses conséquences. » Comme je connais ton opinion sur ces matières et qu'elle se rapproche beaucoup de celle de Victor, je suis bien sûr que tu me sauras gré de ma longue digression.

J'ai besoin de ta réponse pour prendre un parti; si, comme je l'espère, tu te rends à mes raisons et que tu viennes me joindre, j'ai mon plan de campagne dans la tête; nous ferons un voyage d'un an dans l'Europe : Victor sera de la partie. Nous avons tous trois besoin de ce régime; toi pour ton cœur, mon frère pour sa bile, et moi pour ma tête que les procès ont fatiguée : nous commencerons par l'Italie, que tu m'as tant de fois témoigné le desir de voir; nous visiterons ce pays autrefois si célèbre ou maintenant

> Des prêtres fortunés foulent d'un pied tranquille
> Le tombeau des Catons et la cendre d'Émile.

Et nous tâcherons de ne pas rire en voyant des capucins au capitole. Nous entrerons en Italie par la Suisse; mais je t'avertis que nous n'irons pas dans le Valais et que nous éviterons bien soigneusement Clarens et les rochers de Meillerie. Pour le reste de notre voyage, nous ne suivrons d'autre guide que notre fantaisie.

Trois semaines au plus termineront toutes mes affaires; ainsi quelque parti que tu prennes à cette époque, nous serons réunis. Adieu; si tu peux faire entendre à madame de Neuville qu'un créole est à-peu-près un homme comme un autre, n'oublie pas de me mettre à ses pieds. J'ai la plus grande envie de la connaître; cependant je fais des vœux pour que tu ne me procures pas ce plaisir avant un an.

LETTRE XXV.

ANATOLE A CHARLES.

Beauvoir, 1786.

Tu le veux, je partirai; je me séparerai d'elle; dans trois jours je serai en route pour me rendre auprès de toi; j'abandonnerai ma sœur aux terreurs que lui cause l'état où sa fille est réduite.... Charles.... elle est au lit depuis trois jours; on ignore la cause de son mal.... Cruel ami, tu as trouvé l'art de bouleverser toutes mes idées; tout m'alarme, tout m'effraie.... Je n'entends plus sans trembler le son de cette voix touchante; je n'ose plus jeter un regard sur cette figure angélique qui, loin de troubler mon ame, y ramenait insensiblement le calme et l'innocence.... Je crains d'entendre, de voir, d'approcher ma nièce.... Voilà ton ouvrage! c'est toi qui détruis le repos dont je commençais à jouir; c'est toi qui jettes dans mon ame un sentiment de frayeur inconnu, qui l'assiéges de tes propres visions. N'importe, je veux fuir comme si j'avais quelque chose à craindre. Mais comment motiver ce départ dans la circonstance actuelle? Comment l'excuser auprès de ma sœur? Comment la quitter au moment où les consolations de l'amitié deviennent pour elle d'un si grand prix? que pensera Cécile...., Cécile dangereusement malade, dont mes tendres soins pourraient contribuer à rétablir la santé? Mais que t'importe que je passe à tous les yeux pour un monstre? tu consens que je fasse horreur, pourvu que je n'inspire pas d'amour!.... Tu seras obéi; ta dernière lettre que je reçois me servira de prétexte; je vais annoncer qu'un malheur imprévu dont j'imaginerai la fable, rend ma présence auprès de toi indispensable. Si l'horrible violence que je me fais pour m'éloigner de ces lieux est une nouvelle preuve de la réalité de tes craintes, il ne doit plus te rester aucun doute, tu peux tout supposer.

Adieu; nous nous verrons bientôt; pour la première fois de ma vie cette idée est pénible à mon cœur.

Je rouvre ma lettre; elle est plus mal!...

LETTRE XXVI.

MADAME DE CLÉNORD A MADAME DE NEUVILLE.

Beauvoir, 1786.

L'espoir que ta lettre[1] voudrait m'inspirer, ma tendre amie, s'éloigne chaque jour de mon cœur; la maladie de ma fille fait des progrès rapides; elle est obligée de garder le lit; la fièvre lente, qui la consumait depuis quelque temps, a fait place à des accès d'une violence dont je n'avais pas l'idée; dans la nuit dernière, le redoublement a été accompagné d'un transport si long, si terrible, que j'ai craint un moment qu'elle ne pût résister à des secousses de cette nature. Oh! ma sœur, ma tendre sœur, de quel épouvantable coup je suis menacée! Quatre nuits se sont écoulées sans que le sommeil ait approché de mes yeux; je n'ai pas quitté le chevet de cette enfant si

---

[1] On voit ici et l'on a déjà pu voir qu'il manque à cette correspondance plusieurs lettres, que nous avons cru devoir retrancher comme inutiles à la marche et à l'intérêt de l'action.

chère, qui semble oublier ses maux pour ne sentir que les miens. Si tu l'avais entendue dans le délire où la fièvre l'a plongée! les mains jointes, invoquant le ciel pour sa mère, lui demandant de prolonger mes jours de toute la durée des siens; distraite ensuite par des objets funèbres, elle s'écriait : « Pourquoi ce supplice ? pourquoi me punir d'un crime involontaire ? ai-je allumé moi-même dans mon sein ce feu qui me dévore ? n'ai-je pas invoqué ce Dieu qui m'entend pour en obtenir des forces contre moi-même ? Assez de larmes ne sont-elles pas tombées de mes yeux ? faut-il encore mon sang !..... » En vain, ma chère, croirais-tu trouver dans ces propos, fruit d'une imagination en délire, une nouvelle preuve à l'appui de l'opinion où tu parais être, que l'amour a quelque part à la maladie de ma pauvre Cécile; cette passion, j'en ai la certitude, est absolument étrangère à son cœur; j'ai passé en revue tous les objets sur lesquels pouvaient s'arrêter mes soupçons, et je n'ai pu établir sur aucun un doute raisonnable. Anatole est entièrement de mon avis à ce sujet. Ce cher Anatole, quelle tendresse il a pour sa nièce! il la veille jour et nuit; c'est lui-même qui prépare toutes les boissons dont on lui prescrit l'usage; et la malade a tant de confiance en lui, qu'elle refuse de suivre aucune des ordonnances du médecin, à moins que son oncle ne l'ait approuvée. Hier, au milieu de la nuit, la violence de la fièvre me faisant craindre quelque accident, je crus indispensable d'appeler le médecin. Malheureusement il demeure à une grande lieue, de l'autre côté de la rivière ; je voulais y envoyer un domestique : Anatole fit seller deux chevaux, et s'y rendit lui-même accompagné d'un laquais dont il fit monter le cheval au docteur, que je vis arriver à mon grand étonnement, tout au plus une heure après le départ de mon frère. Pour comble de malheur, un frère du chevalier Charles d'Épival, cet ami d'Anatole dont je t'ai parlé, lui écrit hier pour lui donner avis que M. Charles, engagé dans une affaire d'honneur, a été très dangereusement blessé, et que cet infortuné jeune homme, qui ne croit pas survivre à sa blessure, desire ardemment d'embrasser son ami avant de mourir. Cette nouvelle affreuse oblige mon frère à nous quitter, sans qu'il me soit permis de le retenir ; mon père, qui est parti depuis trois jours, n'emporte heureusement pas l'idée du danger où il laisse sa chère petite-fille.

Tu veux que je t'avertisse, mon excellente amie, lorsque j'aurai véritablement besoin de toi, et tu me promets d'abandonner tout pour te rendre auprès de ta triste sœur. Quoi qu'il m'en coûte pour t'arracher aux devoirs sacrés que t'impose la mémoire de ton mari, et que tu remplis avec un zéle qui t'honore autant qu'il accuse les avides parents de cet homme respectable, si mon frère nous quitte, comme je le crois, je ne pourrai alors me passer de ton secours ; ainsi je te préviendrai du moment de son départ. Je t'écris auprès du lit de ta pauvre nièce ; elle repose dans ce moment, mais les gouttes d'eau qui tombent de son front annoncent assez qu'elle ne trouvera pas de forces dans ce pénible sommeil.

LETTRE XXVII

ANATOLE A CHARLES.

Beauvoir, 1786.

J'allais partir; tout était prêt; j'avais annoncé que les suites d'un duel t'exposant à mourir des blessures que tu avais reçues, je ne pouvais me dispenser de voler auprès de toi. En vain M. d'Amercour m'objectait le danger aussi pressant de ma nièce; ma sœur, ma respectable sœur, en craignant de donner un avis intéressé dans une circonstance aussi délicate, m'abandonnait à mon propre cœur. Cependant tes conseils allaient être suivis : je partais, lorsqu'Adèle, la femme de chambre de Cécile, m'a remis, au moment où je faisais mes dernières dispositions, le billet que je joins à ma lettre. Pouvais-je faire une autre réponse? Lis et prononce toi-même; ose me prescrire un devoir : je m'en remets à toi. N'exige pas que je te parle de ma situation; elle est affreuse; je n'ai qu'une idée ou plutôt qu'un sentiment bien distinct, celui du danger de Cécile; je ne vois que son lit de douleur, je n'entends que les gémissements étouffés que les souffrances lui arrachent, je ne respire que l'air qu'exhalent ses lèvres décolorées.... et cependant je la quittais!... Un médecin de Paris arrive à l'instant même.... Adieu; frémis avec moi de l'avenir dont je suis menacé.

BILLET DE CÉCILE A ANATOLE.

« J'apprends que vous vous disposez à partir;
« venez donc recevoir mes derniers adieux; oui, mes
« derniers adieux; je le sens, votre éloignement va
« rompre les faibles liens qui me retiennent encore
« à la vie. Vous m'abandonnez! et moi je vais mou-
« rir.... »

RÉPONSE.

« Je reste, ma chère Cécile, je reste, puisque
« vous croyez que mes secours peuvent vous être
« utiles. J'avais pour m'absenter des raisons bien
« puissantes; mais en est-il qui ne cèdent à la crainte
« dont vous avez glacé mon cœur? Vous parlez de
« mourir.... Ah! Cécile, pour moi la crainte d'un

« pareil malheur est plus terrible que la certitude :
« je serais bien sûr de n'y pas survivre. Moi, vous
« abandonner! si je l'avais cru possible, je n'en au-
« rais pas mérité le reproche. »

LETTRE XXVIII.

MADAME DE CLÉNORD A MADAME DE NEUVILLE.

Beauvoir, 1786.

Ton médecin est arrivé; son rapport accroît mes inquiétudes sur le sort de la malade; mais du moins il me tranquillise sur le traitement de la maladie qu'il a caractérisée. C'est une fièvre maligne; il ne m'a point caché que les symptômes en étaient fâcheux; mais, plein de confiance dans les ressources qu'offrent la jeunesse et l'excellente constitution de la malade, il n'a point craint (pour flatter ma douleur peut-être) de me répondre en quelque sorte de sa vie. Cette idée consolatrice a d'abord ravivé mon ame, et le bon docteur a dû se convaincre, par les transports qu'elle a fait naître en moi, que les jours de ma fille ne dépendent pas seuls du succès de ses soins. Un autre motif de consolation à ma douleur c'est qu'Anatole ne nous quitte pas. Au moment de monter en voiture, il a reçu un exprès de Rennes, qui lui apportait l'heureuse nouvelle que les bles sures du chevalier, dont l'amitié d'un frère s'exagérait les dangers, sont de nature à faire espérer une prompte guérison. Rassuré sur le sort de son ami, Anatole n'a pas cru devoir quitter sa nièce; Cécile n'a pas même su qu'il dût partir.

Le docteur dit que neuf jours décideront du sort de la malade (ils décideront donc aussi du mien); les deux dernières nuits ont été plus tranquilles; la fièvre a diminué sensiblement, mais un abattement funeste a succédé à cette violente agitation. Huit jours de maladie ont épuisé ses forces au point qu'elle s'est évanouie ce matin pour avoir essayé de quitter un moment son lit. Le médecin, qui n'a presque rien changé au traitement que mon frère avait prescrit, avoue qu'Anatole possède des connaissances très étendues en médecine, et s'aide volontiers de ses avis.

Si la douleur s'affaiblissait quand elle est partagée, la mienne trouverait dans cette idée un bien grand soulagement; tout ce qui m'environne prend part à mes chagrins; la maladie d'une enfant cause un deuil général, et l'on dirait que tous les habitants de ce lieu ont pour elle le cœur de sa mère. La maison est sans cesse assiégée d'une foule de femmes, d'enfants, qui viennent s'informer avec l'intérêt le plus tendre d'une santé dont chacun semble sentir le prix. Toutes les bonnes femmes du village m'apportent, les larmes aux yeux, des recettes contre un mal qu'elles ne connaissent pas; je les reçois, j'écoute leurs avis, non pour en faire usage, mais comme des témoignages de leur affection. Croirais-tu qu'hier ces bonnes gens ont fait dire une grand'-messe pour le rétablissement de ma fille? le curé est venu de la part du village m'inviter à la cérémonie: j'ai été joindre mes prières et mes larmes maternelles à l'invocation publique. Ah! si les vœux des faibles humains parviennent jusqu'au trône de leur maître, si les prières les plus ferventes peuvent influer sur ses décrets éternels, j'ose espérer qu'il recevra dans sa bonté l'hommage digne de lui que nos cœurs lui ont offert.

Depuis que Cécile est au lit, sa bonne nourrice ne l'a pas quittée un moment; nous couchons toutes deux dans sa chambre.

M. d'Amercour, cédant aux sollicitations de sa fille, a eu l'extrême bonté de la faire venir à Montfleury, afin qu'elle soit à portée de voir souvent son amie. Cette aimable enfant passe ici la plus grande partie de son temps, et prodigue à sa jeune compagne les témoignages d'un attachement bien au-dessus des liaisons ordinaires de son âge.

J'ai reçu hier des nouvelles de mon mari; il paraît décidé à se rendre à Madrid, pour y terminer par lui-même un arrangement avec les cohéritiers de son père, qu'il ne croit pas de très bonne foi. Il ne sait encore rien de la maladie de sa fille, et parle toujours de l'unir, à son retour, avec le comte de Montford. Il paraît qu'ils sont en correspondance; et, si j'en crois quelques expressions de la lettre de mon mari, j'ai lieu de soupçonner que le comte s'est expliqué sur mon frère avec un peu de légèreté; si Anatole venait à l'apprendre!.... tu connais la violence de son caractère. Chaque jour M. de Montford envoie savoir des nouvelles de Cécile: il s'est présenté lui-même; mais comme je ne reçois personne depuis la maladie de ma fille, je n'ai pas cru devoir faire une exception en faveur d'un homme qu'elle ne peut souffrir.

Onze heures. Anatole, qui entre dans ma chambre, me charge de te témoigner l'impatience qu'il a de t'embrasser : il assure que la saignée a produit du mieux dans l'état de la chère malade. Bonsoir, ma tendre amie; je te ferai passer chaque jour le bulletin de la santé de ta nièce: elle m'appelle; c'est pour me dire de t'assurer de son tendre attachement, mais de ne pas t'embrasser pour elle, de peur de te donner la fièvre.

LETTRE XXIX.

CHARLES A ANATOLE.

Rennes, 1786.

La voilà donc réalisée, ma funeste prédiction ! J'en suis plus affligé que surpris; il est une destinée à laquelle les hommes n'échappent pas, et dès long-temps j'avais prévu la tienne. Les reproches ne seraient point de saison ; je dirai plus, ils seraient injustes; on n'est point à blâmer de n'avoir pas évité un coup inévitable; je pourrais tout au plus t'accuser de présomption; mais ta déférence aux conseils de ton ami en tirerait un nouvel avantage. Laissons donc le passé : nous avons assez du présent! Que dois-tu faire? l'amour et la raison répondent à-la-fois : demeure; il ne s'agit plus d'aimer, il s'agit de vivre. J'avais reculé trop loin l'époque où ces deux mots, en parlant de vous, n'auraient plus qu'une même signification. Sauver Cécile, voilà ton premier devoir; n'importe à quel prix : s'il faut choisir, j'aime encore mieux avoir à te reprocher sa vie que sa mort. Les premières atteintes de l'amour se guérissent par l'absence; mais il est un moment où l'amour est le seul remède à l'amour. Ta malheureuse nièce, je tremble à te le dire, touche à cette crise fatale.

Anatole, ce n'est pas le moment de déguiser la vérité, Cécile est morte si tu ne ranimes l'espoir éteint dans son cœur; si tu ne parviens à lui faire croire qu'elle peut vivre pour toi, et que tu vis pour elle. Il en coûte bien plus à mon amitié d'avoir à te donner de pareils conseils, qu'il ne t'en coûtera de les suivre; mais il est un terme où la nature doit l'emporter sur le devoir. Si le danger augmente, mon avis est donc que tu surprennes à cette chère malade le secret qui la tue; que tu lui fasses l'aveu d'un amour partagé, et que tu lui présentes la perspective d'un bonheur dont la seule idée peut la rendre à la vie. A présent que mon rôle est changé, et que je ne puis plus espérer de te prémunir contre l'amour, je dois t'armer contre le désespoir.... Du courage, mon ami, tu sais que mes pressentiments me trompent rarement; ta Cécile sera rendue à la santé; que ne puis-je ajouter : et soustraite à l'amour! Je raisonne dans cette heureuse supposition, et je me réserve pour le moment où nous n'aurons plus rien à craindre pour ses jours, à te parler des moyens de diriger l'orage que nous n'avons pu conjurer. Je te dispense de répondre à cette lettre, parceque je serai probablement auprès de toi avant que la tienne puisse me parvenir : je ne puis résister plus long-temps au besoin de te voir. La lenteur des courriers sert trop mal mon impatience, et il est des chagrins que l'amitié doit partager en personne ; de loin on y prend trop ou trop peu de part. Ce n'est qu'une visite que je me propose de te rendre ; je serai forcé de revenir passer ici quelques semaines. Adieu. Victor est à son ermitage.

LETTRE XXX.

CÉCILE A ANATOLE.

Une heure du matin.

Si je conservais l'espoir de vivre, si je pouvais un moment détourner les yeux de la tombe où je vais descendre, je ne romprais pas un silence coupable, je n'associerais personne à mes remords ; mais, je le sens, j'achève ma pénible vie. J'ai sur cette vérité le double témoignage de la nature et du médecin. Ce dernier, il y a quelques heures, me croyant profondément assoupie, n'a pas caché à ma nourrice qu'il craignait que je ne passasse pas une troisième nuit. Si je dois mourir demain, je vivrai du moins aujourd'hui, et la mort ne m'enlèvera qu'un jour d'existence. Mon fatal secret m'échappe.... Mais dans quel sein vais-je le déposer? dans quel cœur puis-je épancher le mien? dans celui de ma tendre mère? Puisqu'il faut me séparer d'elle, puisque bientôt il ne lui restera que le souvenir de sa fille, n'empoisonnons point ce triste présent ; emportons avec moi son estime.... Malheureuse Cécile! quand la honte te retient muette auprès de ta mère, qui recevra l'aveu de ta faute?.... le seul être qui pouvait m'en rendre coupable.... Je ne puis continuer, mes doigts tremblants laissent échapper ma plume.... Anatole!.... Il est écrit ce nom funeste; ma main l'a tracé, ou plutôt il est tombé de mon cœur. O vous que ma mère appelle du nom de frère, vous pour qui si jeune encore je descends au tombeau, prenez pitié de votre victime, entendez ses tristes gémissements! Hélas! sur un lit de mort est-il encore des aveux criminels?

Arrachons par un dernier effort l'affreuse vérité de mon cœur. Anatole, *je vous aime*. Je sais tout ce que ce mot a de criminel dans ma bouche; mais aussi je meurs, heureuse d'acheter à ce prix le droit d'avouer un amour qui peut encore sortir triomphant de ma tombe! Condamnée au tribunal des hommes, je vais me présenter à celui de mon Dieu; il verra dans mon cœur les traces d'un feu qui le dévorait avant que ma raison en soupçonnât l'existence; il ne jugera pas dans sa colère un penchant irrésistible, né dans la sécurité de l'innocence, et dont la source remonte au sein même de la nature. Mes efforts, mes combats, mes douleurs, et ma mort, trouveront grace pour ma faute devant le Juge suprême; mais vous, arbitre de ma destinée sur la terre, vous, à qui s'adressent les derniers soupirs de Cécile mourante, quelle sera sa place dans votre cœur? donnerez-vous quelques larmes à sa cendre? conserverez-vous sa mémoire? Oh! oui; j'ai lu dans votre ame : sans partager ma honte elle partage mes maux. Anatole gardera mon souvenir; j'ai reçu vos caresses dans mon berceau, vos soins dans mon enfance, vos leçons dans ma jeunesse, que vos pleurs baignent mon cercueil!

La vie nous séparait, Anatole; comment puis-je la regretter? La mort met entre nous de moindres obstacles que n'en avait mis la nature; la mort est un bienfait pour moi.... Que dis-je? et ma mère que je laisse dans le désespoir et dans les larmes! elle a donc perdu ses droits sur mon cœur!.... L'amante criminelle est bientôt fille dénaturée.

Lorsque dans quelques jours ce papier frappera vos regards, Cécile dormira dans l'éternité; le froid de la mort glacera ce cœur où brûlent en ce moment tous les feux de l'amour.... Mais non, je le sens, je ne mourrai pas tout entière, j'ai besoin d'éterniser mon existence pour éterniser mon amour.... Mon amour! je frissonne à ce mot; comment cette passion terrible a-t-elle trouvé accès dans mon cœur? Comment un penchant coupable est-il né au sein de l'innocence? hélas! je l'ignore; aucun sentiment douloureux ne m'annonça le mal auquel j'allais bientôt succomber. Je vous vis, et votre présence, loin de porter le trouble dans mon ame, y fit naître je ne sais quelle douce sérénité; je vous vis, et je crus n'avoir jamais vu que vous; le son de votre voix me parut la plus douce mélodie qui eût encore frappé mon oreille; vous parliez, et ma pensée sortait de votre bouche; aucune secousse violente ne m'annonça mon malheur, c'est une pente insensible qui m'a conduit à l'abyme où je suis descendue.

Ma meilleure amie, Pauline, vint me voir; vous ne la connaissiez pas encore, et vous la regardiez avec intérêt. Ce regard détruisit ma sécurité; j'osai descendre au fond de mon cœur, l'interroger sur le trouble nouveau qui l'agitait. Mon malheur me fut révélé; c'est aux traits de la jalousie que je reconnus l'amour.... Ce moment décida de mon sort; je voulus en vain armer ma raison contre un sentiment qui avait déja pénétré tout mon être; il était trop tard, le coup mortel était porté. Ce secret est le premier, le seul que j'aie eu pour ma mère; en vain sa tendresse a-t-elle mille fois invoqué ma confiance. Le mystère est le premier pas vers le crime; je lui fermai mon cœur, et j'alimentai dans le silence et dans les remords ce feu dont l'action dévorante a consumé ma vie.

Si près de mon berceau je vois s'ouvrir ma tombe! et telle est la rigueur de ma destinée, que cet asile est le seul où je puisse échapper à mes affreux tourments.... Mais je ne quitterai pas cette terre où j'ai si peu vécu sans avoir connu le bonheur, si j'exhale mon dernier soupir sous les yeux de celui pour qui je ne pouvais vivre; si je vois ses yeux attendris s'attacher sur mes yeux expirants; si ma main glacée repose dans sa main tremblante, et si mes lèvres décolorées peuvent, avant de se fermer, porter sur les siennes ces dernières paroles : Cécile meurt en vous aimant.

Le désordre de cet écrit, pris et quitté vingt fois, tracé d'une main affaiblie, va vous être remis par Adèle, la bonne Adèle, qui sommeille en ce moment auprès de mon lit : ma nourrice et ma mère, épuisées de fatigue, goûtent un instant de repos. Seul vous ne dormez pas, Anatole; depuis qu'un danger imminent menace mes jours, vous n'avez pas fermé les yeux; votre santé souffre des soins que vous donnez à la mienne, l'épuisement de vos forces s'annonce par le prodigieux changement de votre visage. Mon ami, mon unique ami, je vous supplie au nom de ce que vous avez de plus cher, au nom de ma mère qui bientôt, hélas! aura besoin de la main d'un frère pour essuyer ses larmes, au nom d'un père qui voit dans son fils le soutien, le consolateur de sa vieillesse, au nom de votre ami, dirai-je, au nom de Cécile votre nièce, votre filleule, votre amie, ah! que ne puis-je ajouter un titre qui les rassemble tous! conservez des jours sur lesquels tant de cœurs ont des droits, et que je puisse m'endormir avec l'espoir de vous laisser après moi sur la terre.

Adieu, fugitives illusions de la vie; adieu, mon tendre ami.... vous à qui la nature, l'amitié, la reconnaissance, et l'amour, m'unissent par des chaînes que le trépas ne peut rompre; adieu, le temps m'échappe, la mort approche.... Anatole, il faut vous quitter! il faut renoncer à vous voir, à vous entendre, à vous aimer.... mon courage m'abandonne à cette idée. Ce papier boit mes larmes, et le froid de la mort se répand sur tout mon corps....

Adieu, Anatole.:.. pour jamais, non.... non, pour quelques jours.

LETTRE XXXI.

ANATOLE A CÉCILE.

Sept heures du matin.

Comment ai-je pu l'achever, sans mourir à-la-fois de plaisir et de douleur, cette lettre que mes larmes ont effacée, cette lettre dont chaque ligne inonde mon cœur de délices et de terreurs. !En proie à tout ce que le désespoir a d'horrible, à tout ce que l'idée du bonheur suprême a de ravissements, mon ame comprimée entre les situations les plus violentes, ne me laisse qu'une existence convulsive où la raison n'a plus de part! Mon esprit n'est plus frappé que d'une idée, mes yeux ne voient qu'une image, Cécile que l'amour traîne au tombeau!.... Mon sang se glace, mes yeux se troublent, tout mon être s'élance vers la destruction; c'est à ce terme fatal que m'attendait l'espérance, et c'est au sein de la mort que je trouve la vie et l'amour... A cette idée consolatrice, un moment de calme renaît dans mes sens, un baume salutaire coule dans mes veines, je puis mettre quelque ordre dans mes idées.

Vous invoquez la mort, Cécile, vous l'invoquez contre l'amour; je puis vous pardonner cet horrible vœu : vous dictez mon arrêt en prononçant le vôtre; ce que vous appelez votre crime est le mien, ce que vous appelez votre honte est la mienne; unis par la faute, nous ne serons point séparés par le châtiment. En m'ouvrant votre cœur, vous feignez en vain de n'avoir pas lu dans le mien. Auriez-vous pris le silence d'une passion terrible pour le calme de l'indifférence! Ah! si jusqu'ici le soin de votre bonheur, la crainte de troubler votre repos, cette espèce de défiance qui accompagne l'idée d'un bien ardemment desiré, si tous ces liens ont enchaîné sur mes lèvres un aveu tant de fois prêt à m'échapper, le moment est venu de vous ouvrir mon cœur et d'affaiblir l'idée de vos maux par le spectacle des miens. Si le sentiment que je vous ai inspiré est un crime à vos yeux, quel nom donnerez-vous à l'ardeur qui me consume, à ce feu dévorant que votre premier regard alluma dans mon sein, à cette vie d'amour, la seule qui m'anime, la seule dont je veuille? Lorsque dernièrement je fus sur le point de vous quitter, savez-vous quelle puissance me rendait capable de cet effort? croyez-vous au prétexte dont je cherchais à colorer ma fuite? Non, Cécile, je n'allais pas au secours de l'amitié; c'est l'amour que je fuyais, c'est à votre ascendant irrésistible que je cherchais à me soustraire. J'étais loin d'attribuer à sa véritable cause le mal qui vous consumait, et je cherchais dans l'absence ou plutôt dans la mort un remède à l'incurable amour dont je me croyais seul atteint. Je vous aimais sans espoir, je me croyais le plus malheureux des hommes, devais-je penser que je regretterais cette affreuse situation? Quand vous soumettiez à votre empire toutes les facultés de mon ame, quand je ne vivais que par vous et pour vous, pouvais-je soupçonner que la même passion qui vivifiait mon être, qui fécondait mon cœur, portait dans le vôtre des semences de mort?! Je suis donc votre bourreau, moi qui voudrais prolonger votre existence de toute la mienne, de celle du monde entier! cette idée est horrible, insupportable! Cécile, Cécile! pourquoi ce désespoir, pourquoi ces larmes? Quel est ton crime? quel préjugé barbare étouffe à-la-fois dans ton cœur le flambeau de la vie et de la raison? Le trépas est la seule barrière qui puisse nous séparer, et tu veux la mettre entre nous! mais il nous réunira malgré toi; oui, je le jure, le dernier de tes jours n'aura pas de lendemain pour moi. *La mort, dis-tu, met entre nous de moindres obstacles que n'en a mis la nature;* Cécile accuse la nature et c'est elle que j'invoque! c'est elle qui nous lie déjà par les nœuds les plus saints; c'est à sa douce chaleur, au sein des affections les plus chères au cœur de l'homme, qu'est né cet amour aussi pur que sa source. Comment la nature condamnerait-elle un sentiment qu'elle alimente sans cesse, et pourquoi restreindrait-elle ses limites quand elle augmente sa puissance? Non, non, Cécile, les liens du sang qui nous unissent ne rendent point nos feux criminels; tu prends la voix des préjugés pour celle de la nature : aucune loi sociale ne s'élève entre nous, la religion même dans laquelle nous sommes nés ne nous oppose point d'obstacles invincibles. Combien d'exemples ne pourrais-je pas citer à l'appui de mes raisons; mais qu'est-il besoin d'autorités à qui ne veut que mourir? Frappée de cette seule idée, vous allez au-devant des maux qui vous menacent; vous combattez autant qu'il est en vous les efforts de la nature pour vous rendre la santé; vous vous créez de noirs fantômes. Dans votre cruelle prévention, vous mettez dans la bouche des autres vos sinistres pressentiments. A la lecture des premières lignes de votre lettre, j'ai volé vers le médecin, je lui ai demandé s'il était vrai qu'il eût prononcé l'arrêt horrible que vous croyez avoir entendu : *Loin de là*, m'a-t-il répondu, *je disais à la nourrice qu'avant de pouvoir faire un grand fond sur le mieux qui s'annonce, il faut avoir passé la troisième nuit.* Tout vous retient, Cécile, tout vous rappelle au jour que vous fuyez; d'un côté, votre jeunesse, l'excellence de votre constitution, les secours de l'art, n'attendent que la tranquillité d'esprit pour éloigner les symptômes d'un mal auquel le chagrin a tant de part. Mais si votre vie est en vos mains, pouvez-vous en disposer? Fille chérie, n'en devez-vous aucun compte à la meilleure des mères, qui ne vous survivrait (si la religion lui donnait la force de supporter votre perte) que pour traîner dans la douleur et dans les larmes ses jours infortunés? L'amitié n'a-t-elle aucun droit sur votre existence? Cette jeune et sensible Pauline qui vous prodigue des soins si touchants, ce frère qui vous aime si tendrement, votre aïeul dont votre mort précipiterait la fin, tant de nœuds sacrés ne vous font-ils point un devoir de vivre? Je ne vous parle pas de moi, je suis aussi maître de mon sort! et j'apprendrai de vous le cas que je dois faire du bonheur des autres.

Ah! si votre ame s'ouvrait aux consolations de l'espérance, quel avenir! Cécile est rendue à nos vœux, elle se réveille au bonheur; tandis qu'elle reçoit l'hommage de tous les sentiments dont elle est l'objet, l'amour le plus pur, le plus tendre, vient secrètement embellir tous les moments de sa nouvelle existence: Anatole, Cécile, ont juré d'être l'un à l'autre, toutes les puissances de la terre ne sauraient les désunir; l'amour, l'amitié, la nature, unissent leurs efforts; tous les obstacles sont levés et le plus doux lien.... Félicité suprême! au charme que j'éprouve, il est impossible que vous ne soyez qu'un vain songe : placé par vous, avec vous, entre l'excès du bonheur ou de l'infortune, je vous le répète, j'ai su prendre irrévocablement mon parti; je puis être le plus heureux des hommes, je n'en serai jamais le plus à plaindre : je puis vous consacrer ma vie, je ne pleurerai point votre mort....

LETTRE XXXII.

MADAME DE CLÉNORD A MADAME DE NEUVILLE.

Beauvoir, 1786.

Partage mon bonheur, ma tendre amie, après avoir partagé mes peines; ma fille est hors de danger, ou du moins tous les symptômes mortels ont disparu. Je n'ai eu ni le temps ni la force de répondre à tes dernières lettres dans l'état de désespoir où j'étais plongée; mais sur le bulletin de la maladie, que tu dois avoir reçu jour par jour, tu pouvais aisément te faire une idée de notre situation à tous.

Ah! s'il était possible de mettre en doute que nos destinées sont entre les mains d'un Dieu qui dispense à son gré la vie et la mort, l'exemple qui vient de se passer sous nos yeux suffirait pour établir cette vérité éternelle. Quelle autre qu'une main divine a pu soustraire ma Cécile au trépas, et la rendre aux vœux ardents de sa mère, lorsqu'elle ne pensait plus qu'à la suivre au tombeau? Le 18, le médecin, contre l'avis d'Anatole, avait ordonné la saignée qui semblait d'abord avoir produit un mieux sensible; mais, dans la nuit du même jour, la fièvre reparut avec un caractère plus effrayant, et procéda, par redoublement, jusqu'au 20 au matin qu'elle quitta prise, et laissa la malade dans un tel état de faiblesse et d'extinction que dès-lors je désespérai de sa vie. La matinée fut néanmoins assez bonne; elle dormit quelques heures, ce qui ne lui était pas arrivé depuis plusieurs jours.

Cédant aux prières d'Anatole, j'essayai de prendre un moment de repos; l'épuisement de mes forces me plongea dans un sommeil profond et léthargique, et par un renversement des idées généralement reçues, qui attribuent à l'imagination le pouvoir de reproduire dans le sommeil les images des objets qui l'ont occupé dans le jour, mes rêves s'embellirent du charme de l'espérance qui n'habitait plus dans mon cœur : éveillée, je ne voyais que le tombeau de ma fille; endormie, je la conduisais à l'autel. Les songes, ma sœur, ne peuvent-ils pas être quelquefois des rapports au moyen desquels la Divinité s'abaisse à communiquer avec la créature? La religion autorise cette pensée orgueilleuse et consolante. Il était trois heures lorsque je m'éveillai; j'entendis quelque tumulte dans la chambre de ma fille; j'y courus en tremblant; toute la famille était rassemblée autour d'elle; je m'approche, ou plutôt je me précipite vers son lit; je la vois pâle et sans mouvement; grand Dieu! m'écriai-je, ma fille est morte! et je perdis connaissance; je repris mes sens à la voix de cette enfant adorée qu'un évanouissement avait mise dans l'état où je l'avais vue.

Il y avait encore trois jours à passer pour arriver au terme que le médecin avait fixé pour prononcer sur son sort, et je ne pouvais imaginer qu'elle pût aller jusque-là. J'essaierais en vain de te faire un tableau des scènes déchirantes qui se sont succédé dans ce court intervalle; il faudrait en avoir été témoin pour se faire une idée du spectacle qu'offrait la chambre de ma fille : le désespoir était sur tous les visages, excepté sur le sien; la sécurité du ciel brillait sur sa figure angélique qu'environnaient les ombres de la mort. « Pourquoi pleures-tu, ma tendre mère? me disait cette enfant adorable (dans un moment où l'altération de ses traits me semblait un présage de sa mort prochaine); nous sommes encore ensemble, et, quel que soit l'arrêt du ciel, si nous nous séparons un moment, nous nous rejoindrons un jour au sein de la Divinité qui m'appelle avant toi. Mon sort, sur lequel tu gémis, est-il donc si malheureux? J'ai vécu peu d'années, mais dans ce court espace j'ai peu de reproches à me faire; le ciel m'est témoin que j'ai rempli son précepte, et que les auteurs de mes jours ont toujours été l'objet de ma pieuse vénération; j'ai consolé l'infortune quand il a dépendu de moi, et j'emporte la douce certitude de ne t'avoir jamais arraché que des pleurs de tendresse : qui sait, si j'eusse vécu plus long-temps, à quel avenir j'étais réservée?.... Qui sait si je n'eusse pas fait votre malheur à tous?.... ajouta-t-elle en laissant tomber sa voix. Peut-être était-il temps pour moi de quitter la vie? Aujourd'hui je puis dire : Ma mère pleurera mon trépas et bénira ma naissance. » Pendant qu'elle parlait, j'étais assise près de son lit, les yeux attachés sur elle, immobile de douleur; Anatole entra, je me retirai un moment pour lui dérober le spectacle de mon désespoir.

Le lendemain, c'était le 21, je passai d'une extrême affliction à une confiance déplacée, en observant le changement favorable que la nuit avait apporté à l'état de la malade; elle avait dormi quatre heures de suite; l'oppression de la poitrine avait diminué, la transpiration était rétablie, et sa figure, où brillait je ne sais quel air de satisfaction, annonçait une révolution favorable. Le médecin continuait à dire qu'il fallait attendre jusqu'au soir pour avoir un avis; la nourrice, crédule comme l'espérance, certifiait que le danger était passé et que les docteurs n'y entendaient rien; Albert et

Pauline disaient comme la nourrice. Anatole, toujours occupé autour de la malade, interrogeait tour-à-tour les yeux de Cécile et ceux du médecin; il consultait à tout moment ce dernier, et moi je consultais tout le monde.

Cette journée fut marquée par un heureux présage : nous étions assemblés dans le salon, M. d'Amercour, M. de Saint-Julien, qui n'a pas manqué un seul jour de venir s'informer de l'état de ma fille, mon frère, le docteur et moi; il ne restait auprès de Cécile que sa femme de chambre et Pauline. Une chaise de poste se fait entendre dans la cour, et dans l'instant on annonce le chevalier d'Épival : à ce nom, Anatole jette un cri, se lève et se précipite dans les bras de son ami; ils s'embrassent, se pressent sans pouvoir proférer une parole. Jamais le sentiment de l'amitié ne s'exprima d'une manière plus touchante. Anatole, ensuite, nous présenta le chevalier, à qui je sus bien bon gré de ne pas chercher à s'excuser de s'être, pendant quelques instants, cru seul avec son ami. Ce jeune homme justifie au premier coup d'œil tout le bien qu'en dit mon frère, mais tu peux en ce moment en juger toi-même. Il a voulu que je le chargeasse de cette lettre, et je ne crois pas qu'il manque de te faire assidument sa cour pendant le peu de jours qu'il est allé passer à Paris.

Nous accueillîmes M. d'Épival comme un ami de

mon frère, et ce titre, joint au talent qu'il possède d'inspirer au premier abord une confiance entière, établit entre nous, au bout de quelques heures, la plus intime familiarité. Il ne put dissimuler à Anatole combien il le trouvait changé, et cette observation fut accompagnée d'une larme qu'il cacha dans le sein de son ami. Effectivement, ma chère, on aurait peine à se figurer à quel point il a souffert de la maladie de sa nièce : sans cesse occupé auprès d'elle ou pour elle, il a fait trois ou quatre fois le voyage d'Orléans, en quelques heures, pour en rapporter des médicaments qu'on pouvait trouver à Blois, mais dans une qualité inférieure. Jamais il n'a voulu se fier à personne pour des commissions de cette importance. Tu connais l'invincible répugnance de ma fille pour toute espèce de médecine : pendant sa maladie, son oncle seul a pu la décider à prendre les diverses potions qui lui étaient ordonnées. Le médecin, Pauline, moi-même, nous perdions tous notre temps ; il fallait avoir recours à l'éloquence d'Anatole : croirais-tu que plusieurs fois, pour la déterminer, il a poussé la complaisance jusqu'à boire avant elle une partie du dégoûtant breuvage qu'il fallait lui faire prendre? Non, il n'existe pas sur la terre un cœur comme le sien, et je suis bien près d'excuser ses erreurs, si, comme l'assure mon père, elles ont la même source que ses vertus.

Enfin le jour fatal de la crise arriva : la nuit qui l'avait précédée avait réveillé toutes mes alarmes ; les symptômes de danger avaient reparu ; un mal de tête insoutenable se joignit à d'horribles accès de fièvre, accompagnés d'un délire continuel et d'une suffocation intermittente. Notre docteur, qui n'avait pas partagé notre sécurité de la veille, paraissait néanmoins ne s'être pas attendu à une secousse aussi violente. Importuné par mes questions, il m'avoua que cette crise serait la dernière, mais qu'il y aurait du danger jusqu'à minuit. Peins-toi, si tu le peux, ma chère bonne, mes angoisses jusqu'à ce moment fatal : personne ne se coucha, nous étions tous rassemblés dans la chambre de ma fille. Vers dix heures, de légères convulsions commencèrent à se manifester ; ma terreur fut à son comble. Dans l'espèce d'illusion où l'on avait cherché à m'entretenir, j'avais différé d'invoquer pour ma fille les secours religieux ; j'avais eu d'autant moins la force de le faire, que Cécile, toute pieuse qu'elle est, n'avait encore témoigné aucun desir d'accomplir ce devoir : dans ma frayeur, je ne consultai personne, et j'envoyai chercher le curé. Il était onze heures quand il vint ; mais il ne put que joindre ses prières aux nôtres ; la malade ne pouvait plus se faire entendre.

Agitée de convulsions devenues plus fortes de

moment en moment, cette excellente et courageuse enfant employait l'intervalle que lui laissait la douleur à nous consoler par des gestes à défaut de la voix. Elle tenait une de mes mains qu'elle portait alternativement sur son cœur et sur sa bouche : ses regards mourants s'attachaient sur moi, sur son oncle, sur sa jeune amie, avec une expression si touchante, que le médecin lui-même fondait en larmes; les sanglots suffoquaient tout le monde. Pour moi, je ne pleurais plus; j'avais perdu l'usage de ma raison, je poussais des cris aigus; j'invoquais le ciel, les hommes, la nature! Minuit sonne; je me jette le visage contre terre, au pied d'un crucifix : « Dieu bienfaisant! m'écriai-je, prends pitié d'une malheureuse mère; rends-moi ma fille, ou laisse-moi la suivre au tombeau! » Mon action est imitée par tous les assistants; tous se prosternent; les mains se lèvent vers le ciel, tous les vœux se confondent, et l'Éternel entend nos prières. Je t'ai dit que toutes les personnes présentes à cette scène de douleur tombèrent à genoux à mon exemple; il m'en coûte pour t'avouer que mon frère seul, le bon, le sensible Anatole, ne fut point entraîné par cet instinct d'adoration; saisissant avec une espèce de fureur une des mains de Cécile qu'il semblait disputer à la mort, il resta debout, les yeux attachés sur ceux de la malade. Malheureux jeune homme! Quelle est donc cette philosophie stoïque qui éteint dans le cœur de l'homme ce sentiment de dépendance et d'amour, et qui ravit au malheureux près de succomber à ses maux l'espoir d'un Dieu qui l'entend ou d'un Dieu qui l'éprouve? Quelle prière me resterait-il à lui faire si en me rendant ma fille ce Dieu de bonté eût éclairé mon frère!.... Soit illusion, soit réalité, en me rapprochant du lit où ma fille luttait contre l'agonie du trépas, il me sembla qu'un rayon de vie perçait à travers les ombres de la mort dont elle était environnée.

A une heure environ, le médecin, en lui tâtant le pouls, s'écria : « Le pouls redescend, elle est sauvée! » Figure-toi, si tu peux, l'enthousiasme, le délire de joie dont ces mots furent le signal. Anatole qui tenait un vase à la main, le laisse tomber, et s'élançant au cou du docteur (avec une action qui me fit pleurer alors, et qui me fait rire à présent que je pense au mouvement de frayeur dont celui-ci ne fut pas maître) : « Si vous dites vrai, disposez de mes biens, de mes jours, tout est à vous! » Le cher médecin fut embrassé, presqu'étouffé à force de caresses : un mot avait ranimé toutes nos espérances; Pauline, l'aimable Pauline qui avait absolument voulu passer cette nuit auprès de son amie, et dont on avait eu peine à contenir de la douleur, ne fut pas maîtresse de contenir ses transports de joie; elle embrassait tout le monde, riait en fondant en larmes, tâtait à tout moment le pouls de la malade, comme si la chère enfant y avait connu quelque chose, et répétait chaque fois : « Certainement le pouls redescend! » L'effroi avait tari les pleurs dans mes yeux, avec l'espoir ils commencèrent à couler.

Renversée sur le lit de ma fille, je l'inondais de mes larmes; je l'appelais, je la pressais dans mes bras : Charles, que les larmes suffoquaient, allait de l'un à l'autre, cherchant à inspirer la confiance et l'espoir. Insensiblement la connaissance revenait à la malade : le docteur exigea que tout le monde se retirât pour quelque temps, de peur que la part trop vive qu'elle paraissait prendre à ce qui se passait autour d'elle, n'influât défavorablement sur la crise qui se préparait.

Deux heures après, lorsque le médecin nous permit de rentrer, Cécile avait recouvré la parole : « Ah! ma mère, je te revois, s'écria-t-elle; mon Dieu, que de graces je te dois pour ce bienfait!.... » Quel plaisir existe-t-il sur la terre après celui que j'éprouvai dans les embrassements de ma fille?

Anatole lui présenta le chevalier : « Je mettais au nombre de mes regrets, lui dit-elle d'une voix affaiblie, de mourir sans avoir connu l'ami de mon oncle. — Vous vivrez, mademoiselle, répondit Charles

les larmes aux yeux, pour le bonheur de tout ce qui vous aime. » Et il déroba son émotion en se jetant dans les bras de son ami.

Depuis ce moment, l'état de la malade devint d'heure en heure plus rassurant; une fièvre salutaire s'établit, d'abondantes transpirations firent disparaître l'oppression de la poitrine, et le mieux fut si sensible que le lendemain le médecin assura qu'il n'y avait plus rien à craindre pour sa vie. Cette nouvelle fut reçue dans le village avec des transports de joie inimaginables : dès sept heures du matin, les cours du château étaient pleines d'une foule de villageois qui remplissaient l'air de chants d'alégresse. Anatole et Albert allèrent au milieu d'eux les assurer combien la malade et toute sa famille étaient sensibles aux témoignages de leur attachement. Toutes les femmes faisaient cercle autour de la bonne nourrice qui leur racontait en sanglottant ce qui s'était passé dans la nuit.

Il n'y a que trois jours d'écoulés depuis cette nuit cruelle où j'ai cru perdre ma fille, et déja elle touche à sa convalescence. Anatole a formé le projet d'une fête pour son rétablissement, mais elle ne sera complète qu'autant que tu pourras t'y trouver. Il serait charmant à toi de revenir avec le chevalier; nous ne l'avons laissé partir qu'avec promesse de se rendre au jour que nous indiquerions, et qui sera déterminé sur l'état de la santé de Cécile. Je ne te presse pas, chère sœur, persuadée qu'il faudrait des motifs bien puissants pour que tu ne te rendisses pas à nos vœux. Adieu, je t'embrasse dans l'effusion de mon cœur.... Point de nouvelles de mon mari....

LETTRE XXXIII.

MADAME DE NEUVILLE A MADAME DE CLÉNORD.

Paris, 1786.

Ne voulant pas ajouter à tes chagrins, j'ai dû te laisser ignorer jusqu'à ce moment, ma chère belle, que depuis trois semaines je n'ai pas quitté mon lit : mais point d'inquiétude, il ne s'agit que d'une entorse et dans quelques jours il n'y paraîtra plus : j'ai beaucoup souffert de ce petit accident, mais bien moins que de l'impossibilité où il m'a mis de voler auprès de toi; tu connais ma tendresse pour Cécile, et ton cœur seul peut apprécier mes douloureuses inquiétudes, à la lecture des derniers bulletins qui m'annonçaient l'état déplorable où elle était réduite. Le spectacle de ses souffrances, l'image de ton désespoir, m'ont assiégée sans relâche. Je n'ai rien gagné, je t'assure, ma bonne, à n'avoir pas été témoin de vos maux, et s'il m'eût été possible de descendre de mon lit, je serais en ce moment à Beauvoir; mais essuyons nos yeux, c'est assez de se désespérer quand l'occasion s'en présente, la crainte ne doit pas survivre d'une minute au danger.

Ta lettre et le chevalier m'assurent positivement que Cécile est hors de danger, nous ne devons donc penser à la frayeur que nous avons eue de la perdre, que pour sentir plus vivement la certitude où nous sommes de la conserver. Pauvre petite!.... allons.... encore une larme.... mais c'est la dernière. Plus occupée des tristes effets de la maladie de ta fille que du soin d'en rechercher l'origine et d'en rapprocher les circonstances, tu repousses, ma tendre amie, une idée que différents passages de tes lettres rendent au moins plausible, et sur laquelle je dois te faire part de mes soupçons : oui, ma bonne, je crois que le cœur a la plus grande part à la maladie qui a failli trancher des jours qui nous sont si chers. Ma persuasion, à cet égard, n'est fondée que sur des observations assez vagues; sur la nature, les symptômes, les progrès du mal; sur quelques mots échappés à la malade, sur sa résignation à quitter la vie, sur mille remarques plus futiles encore : il n'en est pas moins vrai que je crois qu'il y a ici de l'amour sur jeu. Tu vas me dire que j'en vois partout; mais, très bonne et très respectable sœur, c'est qu'il est certain que, de quinze à quarante ans, il faut presque toujours avoir recours à lui pour expliquer tout ce qui se passe d'extraordinaire chez les femmes au physique comme au moral. Après cela pourtant, si tu me demandes à qui je fais honneur du sentiment que je suppose exister dans le cœur de Cécile, je ne me trouve pas moins embarrassée que toi pour prononcer avec quelque vraisemblance; mais, en revanche, je m'en dédommage en donnant carrière à mes conjectures: personne n'en est exempt; et quand il s'agit d'amants, grace à la connaissance que j'ai des bizarreries de mon sexe, je vois des coupables dans tous les hommes. Je me demande, en premier lieu, si ce beau comte que l'on hait tant, ne serait pas celui qu'on aime: mon Dieu! j'entends toutes tes objections, je sais tout ce que tu m'as dit à cet égard; mais qui sait jusqu'où l'aversion qu'une mère chérie porte à ce personnage peut avoir déterminé une fille soumise à déguiser son penchant! Encore une fois, ce n'est là qu'une conjecture. Malgré mon humeur soupçonneuse, j'ai de la peine à donner quelque attention au chevalier de Saint-Julien; ses soixante ans, son rhumatisme et sa verrue sur le nez, se présentent avec trop d'avantage dans mon esprit; mais sans compter les rencontres romanesques, sans parler du voyageur qui n'est connu que de l'innocente, qui du haut d'une terrasse a laissé tomber sur lui un regard d'amour, sans avoir recours au merveilleux, combien la marche ordinaire des choses ne présente-t-elle pas de chances en faveur d'une inclination ignorée même de son objet. Veux-tu, bonne amie, que j'aille plus loin? veux-tu que j'achève de donner carrière à mes folles présomptions? notre philosophe indien ne trouve pas grace devant moi. J'en demande pardon à la raison et sur-tout à la consanguinité; mais ce n'est pas la première fois que ce perfide amour se serait introduit dans une maison sous un air de famille. Tu recules d'effroi à cette idée, et les mots de nièce, d'oncle, de parrain, se pressent sur tes lèvres. Tout en convenant de l'énormité de ma supposition, dont je ne te parle, après tout, que pour épuiser le chapitre des conjectures, tu me permettras de l'envisager sous un jour propre à en faire ressortir les vraisemblances. Je connais la force de certaines institutions, j'ai presque dit de certains préjugés; mais cette force, ma bonne amie, se brise contre la passion qui peut s'autoriser d'un seul exemple connu et victorieux, et tu sais qu'en ce genre il en est mille. Ce point une fois admis entre nous, les probabilités naissent en foule : rapport d'âge (car dix ou onze ans de différence sont justement ce qui établit ce rapport); analogie de caractère qui m'a frappée de tout temps, malgré leur contraste extérieur; excessive sensibilité de part et d'autre; tournure d'esprit également romanesque, qui les isole en quelque sorte de la société commune, et conséquemment les rapproche davantage. Je pourrais ajouter, ma chère, beaucoup d'autres considérations; mais je sens à quel point je te déplairais en insistant sur cette idée, et ce n'est point mon intention. J'ai voulu seulement, en te communiquant tout ce qui m'a passé par la tête à ce sujet, ouvrir un champ plus vaste à ta surveillance maternelle.

Le docteur entre et l'heure du courrier approche : le reste sera pour l'ordinaire prochain; adieu, ma toujours plus chère amie; je t'aime de toutes mes forces. Tu peux compter sur moi pour la fête, quand je devrais m'y faire porter sur un brancard ; mais, suivant toutes les apparences, je serai prête avant Cécile. Comme je l'embrasse cette chère enfant! Cette fois il n'y a pas de fièvre qui y tienne. Je ne vous ai pas dit un mot de votre aimable courrier, c'est que j'en veux faire l'objet d'une lettre à part.

LETTRE XXXIV.

LA MÊME A LA MÊME.

1786.

Il est bon que tu saches, avant tout, ma bonne, que j'ai fait hier soir, pour la première fois depuis vingt jours, le trajet de mon lit à ma cheminée, et que c'est dans ma bergère, la jambe gauche horizontalement étendue sur une pile de carreaux, que j'écris en ce moment. L'enflure existe toujours, mais la douleur est bien diminuée. Je ne sais pourquoi l'on sépare rarement l'idée d'entorse de l'idée de la danse; voilà pourquoi je t'ai déja surprise dix fois disant en toi-même : « C'est à quelque bal que mon étourdie se sera foulé le pied. » Eh bien! non, madame, ce n'est pas au bal, c'est à l'église : j'avais été priée par le père Bénard d'assister à un sermon qu'il prêchait à Saint-Sulpice ; son texte était les récompenses du juste après sa mort. Il est bien probable que sa révérence n'est point à cet égard dans la confidence du Très-Haut, à en juger par sa description du paradis qui semblait faite pour en dégoûter les plus intrépides; mais si l'éloquence monastique du bon moine manqua son effet sur les cœurs, elle agit avec tant d'empire sur les sens, qu'un sommeil léthargique s'empara de tout l'auditoire. Je ne fus pas à l'abri de ce puissant narcotique; probablement même ma dose avait été plus forte que celle des autres : le fait est qu'en sortant de l'église, à moitié endormie, je ne vis pas que j'étais arrivée aux premières marches; je fis un faux pas assez malheureux, quoique je donnasse le bras à mon laquais, pour me tordre le pied de la manière la plus violente.

Maintenant, ma bonne, parlons un peu de M. d'Épival. Je ne sais si j'oserai t'en dire autant de bien que j'en pense; pourquoi pas?.... C'est un jeune homme; après?.... Faut-il se condamner à ne parler bien que des vieux? Moi, je rends justice à qui il appartient : *Honni soit qui mal y pense.*

Depuis quatre jours qu'il est à Paris, il est très peu sorti de chez moi : s'il avait eu seulement trente ans de plus, j'aurais pu lui offrir un appartement; mais il n'y avait pas moyen d'y penser sans se faire une affaire avec toutes les bégueules et toutes les dévotes du quartier; et Dieu m'en garde. Ses premières paroles m'ont singulièrement prévenue en sa faveur; on l'avait introduit dans ma chambre à coucher dont j'ai fait mon salon depuis mon accident.

Je lui sus bon gré de se présenter chez moi dans tout le négligé du voyage. Avant toute autre explication, et prévenant toutes celles que j'allais lui faire : « Votre nièce, me dit-il, madame, est hors de danger, votre sœur est au comble de la joie, et mon ami m'a chargé de vous en porter la nouvelle. » Que je lui sus bon gré, dans ce moment, d'avoir supprimé l'ennuyeux protocole d'usage dans une première visite! Il était onze heures lorsqu'il arriva, et ce n'est qu'à onze heures du soir que nous nous séparâmes. Il dîna et soupa auprès de mon lit.... Un jeune homme, un étranger!.... Par égard pour les convenances, je mis une vieille dame de mes amies en tiers avec nous. Nous ne cessâmes pas de nous entretenir de la maladie de Cécile. Je glissai quelques mots pour savoir s'il n'aurait pas eu la même idée que moi sur la cause physique et morale qui peut y avoir donné lieu ; il ne parut pas m'entendre. Il fut très surpris, comme tu peux croire, de me trouver au lit, et me témoigna beaucoup d'intérêt, mais de cet intérêt qui ne cherche pas à se faire remarquer.

Il n'est pas trop permis de juger quelqu'un après quatre jours de connaissance; je t'avouerai cependant (sauf à revenir par la suite sur mon jugement si je me suis trompée) que M. d'Épival est ce que j'ai vu jusqu'ici de plus passable en homme : de l'esprit sans prétention, de l'assurance sans fatuité, de la sévérité et pourtant de la grace dans les manières, de la dignité dans le maintien, de la noblesse dans les sentiments, le ton de la franchise, le regard de la bonne foi, l'expression de la bonté. Son caractère n'est pourtant pas ce qui me plaît d'avantage dans sa personne; je le trouve habituellement trop sérieux, et j'y remarque le même défaut que dans sa physionomie, trop d'uniformité: d'autres trouveraient cela superbe; mais je suis un peu folle, et par conséquent je crains de me trouver en présence de la sagesse. Sais-tu que je trouve à votre chevalier un faux air de Grandisson! Il possède son sang-froid au suprême degré. Je n'ai remarqué de mouvement, d'expression sur sa figure, qu'en parlant d'Anatole : alors son regard s'anime, son œil se mouille, son geste parle, sa physionomie se passionne ; la douce chaleur de l'amitié semble lui donner une ame nouvelle. « Anatole, me disait-il dans un de ses moments d'enthousiasme; n'a pas son pareil sur la terre; son ame est un chef-d'œuvre. Tout ce qu'il peut y avoir de bon, de grand, de sublime chez les hommes, se trouve chez lui au plus éminent degré. » Insensiblement entraîné par le plaisir de parler de son ami, il me raconta les circonstances vraiment extraordinaires de l'aventure, dont tu m'as déja parlé, et à laquelle il doit l'amitié d'Anatole. D'ailleurs le chevalier, en préconisant les vertus et les qualités brillantes de son ami, ne nie pas que les passions n'en ternissent souvent l'éclat, et ne paraît pas même exempt de craintes sur l'influence qu'elles peuvent encore avoir sur son sort à venir. Je suis, à cet égard, de son avis; j'ai peur qu'un beau matin notre cher frère ne mette la philosophie en défaut : pourvu qu'il n'y mette que la philosophie, je lui pardonne de bon cœur.

Pour en revenir au chevalier d'Épival, je souhaiterais, pour le bien de l'un et de l'autre, qu'il pût troquer une partie de son sang-froid contre l'équivalent en passion que mon frère pourrait lui fournir; tous deux gagneraient à ce marché, et, qui sait! peut-être ne seraient-ils pas les seuls?

Hier, pour la première fois depuis un mois, j'ai fait ouvrir ma porte; tu crois bien que ma cour a été nombreuse : le chevalier a fixé tous les regards, et son succès n'a pas été douteux, car il a généralement plu à toutes les femmes et déplu à tous les hommes. Aussi peu sensible, en apparence, à la bienveillance des unes qu'à l'injustice des autres, il n'a point accordé la moindre attention aux petites agaceries et aux questions malignes dont il a été l'objet. On a joué; j'ai voulu le mettre à la partie de la jolie madame de Vaumarcelle, qui me paraissait avoir grande envie de l'avoir pour partner au whist; mais il a préféré faire un trictrac avec moi.

On l'annonce en ce moment, ainsi je te quitte pour lui faire compagnie. En attendant, je te préviens, ma bonne, qu'à ta première réquisition, il est arrêté que, toutes affaires cessantes, nous nous mettons en route, le chevalier, la vieille présidente et moi: j'attends le courrier avec grande impatience. Je t'embrasse sur les joues de ta fille.

LETTRE XXXV.

MADAME DE CLÉNORD A MADAME DE NEUVILLE.

Beauvoir, 1786.

Je te sais bon gré, ma chère bonne, de m'avoir épargné le surcroît de chagrin de te savoir souffrante, lorsque j'arrosais de mes larmes le lit de douleur où je craignais de voir expirer ma fille. Tu as dû bien souffrir! Je connais cette espèce de mal; il est doublement insupportable pour toi; il exerce le courage et la patience; mais je ne sais si tu dois t'en plaindre ou t'en applaudir, puisqu'il t'a sauvé le spectacle douloureux dont nous avons été témoins. Prends garde sur-tout, par trop de précipitation, d'éloigner ta guérison prochaine.

Tu veux donc, mon ange, être folle toute ta vie, et les années ne mûriront donc jamais ta pauvre tête. A vingt-sept ans passés tu n'es pas moins déraisonnable que tu ne l'étais à quinze, lorsque, pour me faire épouser le jeune M. de Thennières, dont tu me soupçonnais éprise, tu voulais, disais-tu sérieusement, épouser le père, afin que, devenue mère du fils, tu pusses en faire le mari de ta sœur. Avec un cœur aussi pur, comment a-t-on la tête aussi légère?! Que sans prendre conseil de la raison tu te perdes en suppositions ridicules sur l'objet d'un sentiment que tu supposes à ta nièce, il n'y a rien là qui m'étonne; les idées se ressentent du cerveau dans lequel elles sont conçues; mais que tu pousses tes conjectures jusqu'à t'arrêter à l'idée d'un crime! oui, ma sœur, d'un crime; voilà ce qui m'afflige véritablement. Il est des choses possibles qui ne le seront jamais pour moi; et, sur-tout, je me garderai bien de traiter de préjugés ce que la religion défend, ce que la nature désavoue, et ce que la loi condamne. S'il faut tout dire, ma chère, pour ne plus revenir sur un pareil sujet, je me croirais coupable d'y chercher de la vraisemblance. Que deviendrait donc le bonheur des familles? que deviendrait cette délicieuse intimité qui en fait le charme, cette confiance sans borne sur laquelle il repose, si des soupçons odieux pouvaient empoisonner les caresses et supposer un motif criminel aux soins les plus touchants? En vérité, ma sœur, tu as quelquefois d'étranges idées, et qui ne te connaîtrait, te jugerait souvent bien rigoureusement. Mais je te connais, moi, et je sais que tu agis toujours bien, parceque ton cœur règle tes actions, mais que tu penses quelquefois mal, parceque tu raisonnes avec ton esprit. Tu me feras grace pour ma morale, et je te pardonne de m'avoir affligée un moment.

Ma fille va de mieux en mieux; elle a quitté le lit hier pour la première fois. Le docteur part ce soir.

Je suis bien aise de voir que nous portons toutes deux à-peu-près le même jugement sur le chevalier d'Épival; je dis à-peu-près, car j'aime beaucoup ce sang-froid qui te déplaît tant.

Si l'exemple de la malignité pouvait me séduire, je m'apercevrais peut-être que le paragraphe, que tu consacres à parler de cet ami de mon frère, tient une grande page et demie dans ta lettre; mais chez toi la nouveauté jouit si souvent du privilége de l'intérêt!

Bonjour, ma tendre amie; je t'embrasse sans rancune.

LETTRE XXXVI.

ANATOLE A CHARLES D'ÉPIVAL.

Beauvoir, 1786.

N'y a-t-il pas d'exemples, Charles, de gens devenus fous par excès de joie? S'il en existe, tremble pour la tête de ton pauvre ami.... Comment veux-tu que le désordre de mes sens ne se répande pas sur mes idées? que ma raison ne partage pas l'ivresse de mon cœur? Je suis tranquille sur ses jours et je m'enivre du bonheur d'en être aimé. Aimé de Cécile!.... Ne mêle pas, mon indulgent ami, l'amertume des réflexions aux transports délicieux que j'éprouve en ce moment; un mot, un seul mot détruirait l'illusion ravissante où je suis plongé et ferait de moi le plus misérable des hommes. C'est toi qui m'as forcé de lire dans mon propre cœur, et c'est toi qui, tout à-la-fois le plus sage et le plus sensible des hommes, m'as conseillé d'avoir recours à l'amour pour sauver sa victime; seras-tu moins généreux quand il s'agit du bonheur, que tu ne l'as été quand il n'était question que de la vie? Condamner Cécile à vivre dans les larmes, n'est donc pas à tes yeux un plus grand crime que de la laisser mourir? C'est en vain que je chercherais à me le déguiser à moi-même, l'amour s'est emparé de mon existence.... il s'est identifié avec tout mon être; l'amitié même n'est pas plus nécessaire à mon cœur. Tu me l'avais bien dit, mon cher Charles, je n'avais jamais aimé! Ah! que j'étais loin de soupçonner le sentiment que j'éprouve! Que j'ai honte de l'abjection de ce sentiment que j'honorais du nom d'amour! Tous les maux qui affligent l'espèce humaine peuvent tomber à-la-fois sur ma tête; chaque instant de ma vie actuelle justifie la fortune pour un siècle de douleurs. Ne t'étonnes pas si tu ne trouves ni liaison ni sens commun dans ma lettre; je t'écris seul auprès d'elle, tandis qu'un sommeil bienfaisant répare ses forces épuisées par de longues souffrances : mes yeux distraits ne peuvent se fixer un instant sur mon papier, et j'ai besoin de penser à qui j'écris pour m'arracher par intervalle au plaisir de contempler cette figure angélique, dont un léger coloris commence à ranimer la langueur. Son visage est tourné vers moi, ses yeux fermés semblent encore chercher mes yeux, ses lèvres entr'ouvertes semblent encore prononcer ces derniers mots qu'elle m'adressait avant de s'abandonner au sommeil: *Anatole, vous m'avez arrachée au trépas, je vivrai donc tant que vous voudrez que je vive.* Tu l'as vue, mon ami, tu as entendu le son de sa voix; je t'ai surpris toi-même un moment sous le charme; juge de ce qui se passe en moi, lorsque cette bouche adorée laisse échapper ces mots. Je vous aime!

Mon ami, tu as arraché du fond de mon cœur un secret terrible que je cherchais encore à me dérober à moi-même; tu as sondé ma blessure profonde; il serait inutile de vouloir t'abuser par un espoir que je n'ai plus, qu'il me serait affreux d'avoir, celui de me soustraire au penchant irrésistible qui m'entraîne. Juge de l'empire qu'il exerce sur moi; je puis te sacrifier mille vies et je ne pourrais te sacrifier mon amour. Mais cet amour, Charles, dont les droits balancent les tiens, pourrais-tu lui soupçonner un modèle sur la terre? Aurais-je, à mon tour, à te reprocher un abus sacrilége d'un nom si souvent profané? Ah! s'il est un sentiment dont la source soit uniquement dans l'ame, dont l'action, la puissance et le terme ne participent en rien au commerce des sens, c'est, n'en doute pas, ce même amour dont je confesse en même temps la violence et la pureté. Le jour où le nom de Cécile ne réveillerait plus dans mon cœur l'idée de toutes les perfections, où je pourrais séparer son image de tous les attributs divins dont je la vois ornée, où je ne trouverais plus le bonheur suprême dans un seul de ses regards, ce jour-là, Charles,

Cécile ne serait plus à craindre pour moi ; mais que la haine des hommes soit mon partage éternel, que la bénédiction de mon père ne repose plus sur ma tête, que l'estime de mon ami me soit enlevée sans retour, si j'osais m'arrêter un moment à la seule idée des forfaits dont tu n'as pas craint de me présenter le tableau ! Satisfait du plaisir d'aimer, du bonheur d'être aimé, je ne vois rien au-delà de ma félicité actuelle, et tous mes vœux s'éteignent dans la durée d'une pareille existence.

P. S. Tu sauras qu'une extrême faiblesse est la seule trace qui reste en ce moment d'une maladie si terrible, et ce qui peut te donner une idée de notre sécurité c'est que le médecin se prépare à retourner à Paris, comblé, comme tu t'imagines bien, d'argent et de bénédictions.

LETTRE XXXVII.

LE MÊME AU MÊME.

Beauvoir, 1786.

Le lendemain du jour où tu nous quittas ne s'effacera jamais de ma mémoire. Plusieurs personnes, le comte entre autres, s'étaient rendues le soir au château: mais la malade n'étant pas encore en état de recevoir des visites, tout le monde était rassemblé dans le salon; Pauline et moi nous restions seuls auprès de Cécile. Je proposai, pour la distraire, de lire une brochure nouvelle que je venais de recevoir; elle accepta; mais l'auteur, dès le début, s'étant permis de dire que les femmes étaient incapables d'amitié, Pauline se leva brusquement, embrassa Cécile, et s'enfuit, en disant que l'auteur était un insolent et un sot. Lorsque je me vis seul avec Cécile (c'était la première fois depuis ma lettre), j'oubliai de reprendre ma lecture et je restai dans un état voisin de l'anéantissement; enfin je fis un effort sur moi-même, et, jetant les yeux sur elle, je vis des larmes s'échapper des siens. « Cécile, lui dis-je sans penser à ce que je disais, éprouvez-vous quelque douleur?—Je n'ai jamais été mieux, » me répondit-elle. Le son de sa voix me rendit à moi-même. « Ah! répétez-moi souvent cette assurance, continuai-je, elle achève d'écarter mes craintes; je tremble encore quand je pense au danger que vous avez couru.—Anatole, c'est vous qui m'en avez délivrée! » Ces dernières paroles étaient accompagnées d'une expression si touchante, que je ne fus pas maître de modérer l'impression qu'elles firent sur moi, et que, m'abandonnant à toute la chaleur de mon ame, je lui peignis l'amour dont je suis enivré. Comme je parlais, je vis ses traits s'altérer, elle étendit la main vers moi et je la sentis trembler dans la mienne; je me tus. « Mon ami, me dit-elle après un moment de silence, un effroyable avenir nous menace. Ah! s'il pouvait n'atteindre que moi!... » Je m'efforçai d'éloigner ses pressentiments funestes, et je parvins à rendre le calme à son ame en lui présentant, sous les couleurs les plus douces, le séduisant tableau de l'espérance. Pauline rentra, et le charme de ses caresses ajouta un nouveau degré de vraisemblance à l'image du bonheur.

« Pendant que vous êtes là, dit-elle en riant, à lire des sottises, le comte est en bas occupé à en faire : le vieux chevalier de Saint-Julien s'entretenait de guerres, de combats, avec mon père qui l'écoutait de toutes ses oreilles : M. le comte qui me parlait depuis une heure, sans que je lui répondisse, piqué d'avoir toujours eu raison avec moi, voulut avoir tort avec quelqu'un. En conséquence, il alla se mêler à la conversation de ces messieurs, et, comme une parque fatale, trancha le fil d'une narration intéressante, en niant au chevalier la vérité du fait qu'il avançait, il s'agissait de je ne sais quelle bataille. « Je ne vous interromps pas quand vous parlez de vos bonnes fortunes, où peut-être vous n'étiez pas, dit le vieux militaire avec humeur; veuillez bien ne pas m'interrompre quand je parle d'une affaire où j'étais. — Il est vrai, reprit le comte en ricanant, que je n'étais pas en personne à Fontenoy, mais pour peu qu'on ait connu son grand-père, on peut en savoir les détails. » Piqué de cet appel à son âge, M. de Saint-Julien reprit, en lui lançant un regard courroucé, qu'il y avait tel grand-père assez malheureux pour avoir de bien petits fils. Le comte rougit de colère, et je ne sais où la querelle se serait arrêtée, si ta maman qui s'était approchée n'eût fait prendre par sa présence un tour plus décent à la conversation. »

Pendant que Pauline, assise sur le lit de Cécile, nous racontait tout ce qui s'était passé au salon, Albert, que l'on est toujours sûr de voir paraître sur ses traces, se fit entendre sur l'escalier. La malade obligea son amie à se cacher pour jouir un moment de l'embarras de son frère; Albert entra précipitamment et parut fort surpris de ne pas voir celle qu'il cherchait. « Eh bien! mon cher oncle, vous auriez perdu, me dit Cécile. Croirais-tu, Albert, qu'il voulait parier que tu passerais la soirée sans me venir voir, si Pauline ne t'en donnait l'exemple? Je suis bien aise que ton empressement lui prouve que ses observations tombent souvent à faux. » Mon petit neveu qui ne voulut pas perdre l'occasion de me trouver dans mon tort, donna dans le piége et fit avec grace à sa sœur les honneurs de sa visite. Je voulus suivre la plaisanterie. « Je vois bien ce qui nous l'amène, ajoutai-je, c'est que mademoiselle d'Amercour fait la partie de piquet de son père. — Point du tout, mon oncle, reprit-il afin de ne rien perdre de ses avantages, elle ne joue pas. — Que fait-elle donc? lui dit Cécile d'un air assez indifférent. — Elle.... (il hésita) elle joue du piano. » A cette réponse nous partîmes, Cécile et moi, d'un grand éclat de rire, et, tirant le rideau derrière lequel la petite personne était cachée, nous le mîmes dans le plus plaisant embarras. Pauline s'efforçait de rire avec nous, mais il était aisé de voir qu'elle partageait le malaise d'un autre et qu'elle se savait très mauvais gré de la part qu'elle avait prise à la plaisanterie. Albert, qui déméla fort bien ce sentiment, nous pardonna en sa faveur le tour que nous lui avions joué.

Le spectacle des innocents badinages d'Albert et de Pauline qui passèrent avec moi cette soirée auprès de Cécile, contribua beaucoup à dissiper un reste d'abattement; pour la première fois depuis longtemps je vis le sourire caresser ses lèvres, et son ame parut s'ouvrir aux douces impressions de la joie.

Ma sœur est encore dans l'ivresse du plaisir que lui cause le rétablissement de sa fille. Cette tendre mère ne se lasse pas de répéter que c'est en partie à mes soins qu'elle doit ce bonheur; conçois-tu, Charles, ce que les témoignages de sa reconnaissance ont de pénible pour moi?

M. de Clénord a écrit hier : la maladie de sa fille paraît l'avoir affligé vivement; mais il est aisé de voir par sa lettre qu'il y a loin du cœur d'un père à celui d'une mère. Il est en ce moment à Madrid, et il annonce qu'il attendra le courrier suivant pour se décider à revenir si l'état de la malade devenait plus alarmant; mais que, dans le cas contraire, ses affaires le retiendront loin de nous jusqu'à la fin de l'été. Je t'avouerai, mon ami, que j'ai plusieurs raisons pour craindre son arrivée : la première c'est qu'il a des vues d'établissement pour Cécile; la seconde, soit dit entre nous, c'est qu'il ne rend point heureuse la femme du monde qui mérite le plus de l'être. Il y a tout lieu de présumer, d'après les nouvelles rassurantes qu'il a dû recevoir, qu'il différera son retour.

Nous avons aussi reçu deux lettres de madame de Neuville depuis ton arrivée à Paris; mais, contre son ordinaire, ma sœur s'est contentée de m'en lire le contenu; je crois deviner le motif de cette réserve.... Dis à ma petite sœur que j'ai appris avec beaucoup de chagrin l'accident qui lui est arrivé: mais aussi pourquoi va-t-elle au sermon? Ne peut-elle pas dormir ailleurs? Elle nous promet de t'accompagner à ton retour ici, et je me fais une grande fête de l'embrasser.... Je te connais trop bien, mon ami, pour te recommander le secret sur ce qui me regarde, mais je dois t'avertir que madame de Neuville est douée d'une si grande finesse, d'une telle habitude à démêler votre pensée dans vos yeux, dans la moindre parole, dans votre silence même, qu'il faut au plus habile une attention très soutenue, pour échapper à sa pénétration : cet avis peut avoir une double utilité.

Elle se réveille; adieu.

LETTRE XXXVIII.

CHARLES A ANATOLE.

Paris, 1786.

On ne raisonne pas avec les passions, je le sais, et moins avec celles de mon ami qu'avec toutes autres : aussi n'entreprendrai-je pas de t'affliger en te remettant de nouveau sous les yeux les vérités chagrinantes qui ont été le sujet de nos derniers entretiens ; mais dans tous les moments de la vie l'amitié doit ses conseils, même lorsqu'elle est certaine qu'ils ne seront pas suivis. Tâche, mon cher Anatole, d'ouvrir les yeux sur ta situation ; sors un moment de ton cœur, et vois sur quel torrent tu te hasardes. S'il est un vice loin de ton ame, c'est sans contredit l'égoisme ; et cependant la passion qui t'égare te laisse en butte à ce reproche. Effectivement, Anatole, quel autre intérêt que le tien (je me trompe, que celui de ton amour, et il ne faut pas les confondre), quel autre intérêt, dis-je, paraît t'animer aujourd'hui? Serait-ce celui de ce même objet auquel il se rapporte? Tu ne peux te faire illusion au point de ne pas découvrir l'étendue du danger où son penchant peut la conduire; la perte irréparable de l'amitié, ou du moins de l'estime de sa mère, l'abandon de son père, tous les chagrins qui peuvent en résulter pour elle : voilà les premiers malheurs qui la menacent. Mais il s'en faut bien que ce soient les seuls, et puisse-t-elle échapper à ceux qu'un funeste pressentiment me fait craindre, et contre lesquels ta propre sécurité ne me rassure pas! Écoute-la s'expliquer elle-même; n'ont-elles pas retenti dans ton cœur, ces paroles : *Mon ami, un effroyable avenir nous menace?* Je ne te ferai pas de question ironique; je ne te demanderai pas si l'intérêt de ta sœur entre pour quelque chose dans ton penchant pour sa fille? mais je ne puis me dispenser de te communiquer une observation qui ne laisse aucun doute sur les chagrins que tu lui prépares; je ne sais comment j'ai oublié de t'en parler dans notre conversation du parc. Curieux de sonder madame de Clénord, un soir que je m'entretenais seul avec elle (il était question de ma famille), je glissai dans la conversation, d'une manière assez naturelle, qu'une de mes cousines venait récemment d'épouser son cousin-germain : l'éloignement qu'elle témoigna pour ces sortes d'union me confirma dans l'opinion où j'étais que ses principes, à cet égard, n'étaient susceptibles d'aucune séduction. Après t'avoir prouvé que tu compromets également le bonheur de Cécile et de sa mère, il est assez inutile de te parler des autres, encore moins de toi-même, puisque tu as prévu tout ce que j'aurais pu te dire, en me déclarant dans ta dernière lettre *que chaque instant de ta vie actuelle justifie la fortune pour un siècle de malheurs.* Après tout, c'est moins de bonheur qu'il est question ici que de principes et de vertu : si l'on a le pouvoir de se rendre misérable, si l'on peut à force de sophismes se persuader qu'on a le droit d'entraîner les autres dans sa ruine, l'homme de bien ne poussera jamais l'égarement des passions (dans lequel il n'est point exempt de tomber) jusqu'à renoncer à toute idée de justice et de morale; c'est de cela qu'il s'agit pour toi. Mon ami! au nom de l'honneur, au nom de tant de belles qualités qui te mettent au-dessus des autres hommes, n'abandonne pas à l'amour le soin de ta réputation; tu te perds si tu ne reviens sur tes pas, et tu te prépares des rémords éternels; ami, c'est un cruel fardeau!

Ne crois pas, mon cher Anatole, que ma raison soit plus prompte à te trouver des torts que mon amitié n'est ardente à te chercher des excuses; personne ne connaît et n'apprécie mieux que moi la valeur de celles que tu peux m'opposer. J'ai vu Cécile : je suis convenu avec toi, et je conviens encore qu'il existe dans la nature peu de femmes aussi séduisantes ; je t'avouerai même que je n'ai pu la voir dans l'état affreux où elle était réduite sans distinguer dans mon cœur une émotion étrangère à celle de la douleur et de la compassion. Te voilà bien fort contre moi ; je vais au-devant de tes objections : « Si tu n'as pu, Charles, la voir un moment sans danger aux portes de la mort, toi dont le cœur d'airain repousse si facilement les traits de l'amour, que puis-je contre elle, moi qui depuis six mois m'enivre du bonheur de l'admirer à tous les instants du jour, dont les premiers regards l'ont vue brillante de tous les attraits que la nature prodigue épuisa sur elle ; moi qui la conduisais au tombeau, victime d'un penchant funeste qui m'entraînait avant que je le crusse possible ; moi, dont l'ame de feu s'alimente d'amour, et à qui Cécile a dit : Je vous aime ? » Comme tu vois, je n'affaiblis pas tes moyens de défense : cependant je ne suis pas embarrassé d'y répondre : d'abord, avouer que je n'ai pu la voir sans émotion n'est pas convenir que je n'ai pu la voir sans danger ; c'est presque dire le contraire, car on est à-peu-près sûr d'éviter le péril sur lequel on est prévenu, quand on ne néglige pas les précautions : mais sans te fatiguer de raisonnements que tu n'aurais peut-être pas la patience d'écouter, je me renfermerai dans ce dilemme : ou tu es entraîné par un ascendant irrésistible, contre lequel toutes les considérations et toutes les forces humaines ne peuvent rien ; ou tu peux vaincre ta passion. Tu vas me répondre que tu es infailliblement dans le premier cas; eh bien! n'examinons pas si les moralistes ont tort ou raison de ne voir dans ces épithètes *invincible*, *insurmontable*, que le langage métaphorique de la passion; je veux bien convenir qu'il ne te reste alors d'autre ressource que de t'abandonner à ta destinée. Mais avant de m'arracher cet aveu, il te reste à me prouver que tu ne te trompes pas toi-même sur ta propre situation. Quels efforts as-tu faits jusqu'ici pour déraciner cette passion funeste? par quels combats peux-tu justifier ta défaite? Ah! quand il s'agit d'aussi grands intérêts, c'est bien le moins de se dire : J'ai fait ce que j'ai pu. Eh! pourtant, si le mal qui te consume n'était pas sans remède, s'il existait effectivement encore des ressources, peux-tu te dispenser d'en faire usage? Joueras-tu ta propre estime, le bonheur des personnes qui te sont le plus chères, contre une simple présomption, quelque forte qu'elle puisse être? Tu t'impatientes, tu cherches où j'en veux venir : tu n'as pas de raison pour craindre que je te conseille de hasarder une seconde fois la vie d'un être charmant, à la conservation duquel toute la nature doit veiller. Tu ne crains pas ce conseil de moi, de moi qui dans une de mes lettres!.... Tu te souviens trop bien du langage que m'arrachaient les circonstances.... Il n'est donc pas question de parti à prendre, mais de tentatives à faire. Je voudrais qu'Anatole, au lieu d'attiser, par des conversations semblables à celles dont il a la franchise de me rendre compte, un feu qui, je me plais à le croire, peut encore être étouffé, s'occupât d'éviter soigneusement les occasions qui peuvent les faire naître; qu'il devînt assez maître de lui, assez grand, assez sublime pour appliquer à guérir sa passion et celle qu'il a eu le malheur d'inspirer, toutes les facultés de son esprit, toute la générosité de son cœur; qu'il voulût se convaincre que si l'effort que je lui propose est au-dessus des forces communes, il n'est pas au-dessus des siennes, puisqu'on en peut citer plus d'un exemple; je voudrais qu'appelant à son secours cette philosophie dont il était si fier il y a quelques mois, il y puisât du moins assez de forces pour se montrer supérieur à une enfant, et se soustraire à un attachement qui, bien dirigé, peut faire encore le charme de sa vie; qu'il essayât du moins de le circonscrire dans de justes bornes, d'en faire en un mot *un sentiment dont la source soit uniquement dans l'ame, dont la moralité puisse être démontrée*

(et elle sera bien loin de l'être tant qu'on aura besoin d'efforts *pour s'arracher, par intervalle, au plaisir de contempler cette figure angélique dont un léger coloris commence à ranimer la langueur; tant qu'on plongera des regards d'amour dans des yeux où l'attrait de l'innocence ajoute tant à l'expression du sentiment*) ; je voudrais, enfin, qu'après avoir obtenu ce premier triomphe Anatole consentît à ce que j'imaginasse pour l'éloigner, quelques jours d'abord, quelques semaines ensuite, des prétextes assez plausibles pour que les plus intéressés ne pussent en découvrir le motif et s'y opposer raisonnablement. Mais si tous nos soins réunis se trouvaient malheureusement infructueux, si l'ascendant d'une passion fatale l'emportait sur les efforts combinés de la sagesse et de la prudence, alors, mais alors seulement.... Jusqu'à ce temps, tu restes comptable envers l'honneur du crime, oui, mon ami, du crime que tu médites à ton insu.

J'expédie mon valet de chambre, il te remettra, avec ma lettre, une fiole d'une certaine liqueur que le célèbre Lesage m'a vantée lui-même comme un tonique souverain pour réparer les forces à la suite d'une maladie; j'y joins les éclaircissements nécessaires pour en faire usage. J'aurais bien pu me dispenser de t'envoyer César, mais

Il faut, autant qu'on peut, obliger tout le monde,

et je me suis aperçu que le joli minois d'Adèle avait trouvé grace devant lui, et que je lui rendais un grand service en lui offrant l'occasion de la revoir.

LETTRE XXXIX.

LE MÊME AU MÊME.

Paris, 1786.

Il y a quelques jours que j'aurais soutenu que l'on ne peut trouver réunies, dans la même personne, la coquetterie et la sensibilité, la folie et la raison, l'étourderie et la décence; j'aurais eu tort; ta charmante sœur a trouvé le secret de concilier ces contradictions, et de s'en former le caractère le plus aimable et le plus original que j'aie encore remarqué. A la faveur des recommandations dont vous m'avez muni, j'ai reçu de madame de Neuville un accueil si flatteur, que je n'ai pu résister à la tentation d'en abuser : depuis huit jours que je suis ici, je n'ai pris pour règle, dans mes assiduités, que le plaisir qu'elles me procurent. Aussi mes visites ont-elles été si fréquentes, que je n'ai encore eu ni le temps ni les moyens de m'occuper des affaires qui sont le motif ou le prétexte de mon voyage.

Grace au malheureux accident qui la retient

chez elle, j'ai passé les quatre premiers jours de mon arrivée seul avec madame de Neuville et une autre dame fort aimable, quoique fort âgée, nommée la présidente de Saint-Vincent. Dans les longues conversations que nous avons eues ensemble, il n'a été guère question que de toi et de la chère malade, qui n'est pas moins aimée ici qu'à Beauvoir, et qui peut-être y est mieux connue. Ce qu'il y a de certain, c'est que je me suis aperçu, dans quelques questions insidieuses et dans quelques réflexions de l'aimable tante, qu'elle a de violents soupçons sur la véritable cause de la maladie de sa nièce, et ce qui te paraîtra moins raisonnable, c'est que j'ai même des raisons pour croire qu'elle a des doutes sur ton compte. Peut-être ai-je forcé l'interprétation de quelques mots échappés sans dessein, de quelques rapprochements faits sans intention; je parierais du moins en faveur de mes conjectures. Pour le moment, j'ai dû feindre de ne pas l'entendre; mais, tout en faisant des vœux bien sincères pour n'y avoir jamais recours, j'ai vu, dans l'avenir, le parti que l'on pourrait tirer de sa médiation.

Le rétablissement de madame de Neuville à ramené le grand monde chez elle; et après avoir joui du plaisir de connaître dans son intérieur une femme sensible, raisonnable et modeste, je n'ai pas été peu surpris d'avoir une nouvelle connaissance à faire avec elle, et de trouver la même personne métamorphosée dans un cercle en petite maîtresse bien étourdie, bien légère, et toujours aussi aimable.

Nous en sommes au point de nous quereller mutuellement sur ce que l'un appelle les défauts de l'autre : madame de Neuville me fait habituellement la guerre sur mon austérité ; elle prétend que rien ne sied plus mal à la jeunesse qu'un extérieur raisonnable ; que la sagesse et la vérité ont besoin des mêmes artifices pour se montrer sur la terre ; elle veut qu'on ne mette d'importance qu'aux qualités du cœur, et maintient que, excepté la vertu qu'elle définit la bienfaisance, tout en ce monde peut devenir un sujet de controverse : je plaide pour la raison avec bien moins de succès qu'elle ne l'attaque, et à toutes mes autorités elle en oppose une seule, c'est la sienne ; le moyen de la récuser ? Mon frère m'écrit qu'il est indispensable que je reparaisse à Rennes le mois prochain, ne fût-ce que pour quinze jours. Si tu voulais m'accompagner ?

LETTRE XL.

MADAME DE NEUVILLE A MADAME DE CLÉNORD.

Paris, 1786.

J'étais bien sûre que je serais grondée : qu'à cela ne tienne, mon ange ; mais tout en avouant que tu as raison dans la forme, il se pourrait encore que je n'eusse pas tort dans le fait ; ce qu'à Dieu ne plaise, et parlons d'autre chose. Ma jambe va beaucoup mieux, je commence à marcher, et mes adorateurs assurent que je boite de la meilleure grace du monde. J'en excepte cependant le chevalier d'Épival, qui, loin d'applaudir à cette fadeur, l'a relevée hier d'une manière assez plaisante. Une certaine dame de Linière sortait de chez moi ; le chevalier fit l'éloge de sa personne. Le général d'Arvieux, l'admirateur le plus déterminé de mon talent à boiter, lui fit observer que cette dame était bossue. « Oui, reprit M. d'Épival, mais sa bosse est bien faite. » Le colonel ne concevait pas qu'une bosse pût avoir des charmes. « Pourquoi pas, continua Charles ; une jambe plus courte que l'autre n'a-t-elle pas son agrément? » La réponse n'était pas galante, mais elle me plut par sa naïveté.

Comme rien ne t'échappe, tu voudras savoir pourquoi je range le chevalier au nombre de mes adorateurs, et comme je n'ai pas de secret pour toi, je te dirai tout bas, à l'oreille, que je le crois plus loin de l'indifférence qu'il ne l'a été de sa vie.... Folle! toujours folle ! vas-tu dire ; mais en cela comme en beaucoup d'autres choses, j'en appelle au temps pour me justifier.

LETTRE XLI.

PAULINE A CÉCILE.

Montfleury, 1786.

On aura beau dire, Cécile, pour avoir le secret des gens, on ne trouvera jamais rien de mieux que d'écouter aux portes. Grace à cet expédient si simple, en dépit de ta réserve, j'en ai plus appris en dix minutes que je n'aurais pu faire en un an à force de soins et de pénétration. On pourrait trouver, à la rigueur, que cette manière d'extorquer une confidence n'est pas très délicate ; mais ce n'est pas le cas entre nous, j'espère ; c'est mon bien que je reprends, lorsque je t'arrache un aveu : d'ailleurs il n'y a pas d'autre moyen de rendre la partie égale entre deux amies dont l'une est plus expansive que l'autre. Avoue maintenant que tu me sais bon gré de t'avoir épargné l'embarras d'un pareil aveu, et de m'être fait jour jusqu'à ton cœur. Pauvre Cécile! combien il a dû t'en coûter pour dissimuler avec ta Pauline, pour dévorer pendant six mois tes soupirs et tes larmes! Voilà, n'en doute pas, la véritable cause de cette maladie cruelle qui t'a conduite aux portes du tombeau. Quand j'y songe, je suis tentée de te battre ; quand je te vois, je n'en ai plus le courage : après tout, tu n'es pas aussi coupable que j'ai voulu te le faire accroire pour excuser mon indiscrète démarche ; tu ne m'avois rien confié, mais tu as eu vingt fois l'envie de me tout dire ; vingt fois tu as étouffé ton secret et caché tes larmes dans mon sein ; finalement ta raison a plus de tort avec moi que ton cœur. Je ne t'ai fait hier qu'une demi-confidence ; il faut acheter le pardon que tu m'as si généreusement accordé par un aveu sincère de ma faute. D'abord tu sauras que mes soupçons sur l'état de ton cœur datent au moins d'un mois avant ta maladie ; et si j'en voulais fixer l'époque d'une manière bien précise, je remonterais jusqu'à certain bal impromptu où le cher Anatole, dansant avec moi, fit une chute dont une autre reçut le contre-coup. Je ne te parlerai pas de mille remarques plus ou moins importantes, puisées dans tes lettres, dans nos conversations, dans l'altération de ta santé, qui toutes donnaient à mes conjectures un nouveau degré de vraisemblance. Tu te taisais cependant, et moi-même, circonspecte avec toi, pour la première fois de ma vie, je n'osais provoquer un épanchement qui peut-être nous eût épargné bien des peines. Cependant tu succombais à la violence du mal que tu concentrais au fond de ton cœur : il n'était plus temps pour moi de chercher à y pénétrer ; j'étais donc réduite à dissimuler à mon tour, à te voir mourir d'une blessure que je n'osais indiquer. Enfin un miracle que je n'espérais plus, que j'invoquais encore, dont je connais l'auteur aujourd'hui, te rendit à la vie au moment où je ne songeais plus qu'à te suivre au tombeau. A mesure que mes craintes sur ta santé se dissipaient, je sentais renaître le desir de changer mes doutes en certitude et de surprendre ton secret. L'occasion s'en présenta dimanche au soir; je me trouvais auprès de toi, seule avec ton oncle ; il voulut t'amuser par une lecture, je pris un prétexte pour m'éloigner, et faisant le tour par le corridor, je vins me tapir dans le cabinet qui fait face à ton lit. Je prêtai quelque temps l'oreille sans rien entendre; ce silence, cette lecture interrompue en disoient déja beaucoup ; ton mouchoir que je te vis porter à tes yeux en disait davantage; enfin, mon ange, que te dirai-je? j'étais là pour écouter, et j'ai tout entendu. Satisfaite du succès de ma ruse, je descendis un moment au salon et revins bientôt vous rejoindre. Je ne puis m'empêcher de rire quand je pense au tour perfide que vous jouâtes à mon petit Albert, en me cachant derrière le rideau. Vous ne vous doutiez pas, discréte Cécile, sage Anatole, quand vous riiez de si bon cœur de la confusion de ce pauvre enfant, quand vous vous amusiez de l'embarras où vous m'aviez mise ; vous ne vous doutiez pas que vous étiez tombés dans mes filets avant de me prendre dans les vôtres, et que la punition avait précédé l'injure.

Maintenant que j'ai mis ma curiosité, ou pour parler plus juste, mon amitié et ma conscience en repos, par une confession pleine et entière, voyons un peu si, lorsque tu peux m'accuser d'indiscrétion, je ne suis pas en droit de te poursuivre, moi, comme atteinte et convaincue du crime de lèse-amitié.

Il y a long-temps que je me suis aperçue de l'extrême supériorité que j'ai sur toi en fait de raisonnement, bien que tout le monde s'entende pour soutenir le contraire. Pour te le prouver à toi-même, je me contente d'une seule observation : toutes les erreurs de mon jugement n'ont jamais coûté la vie à un oiseau, tandis qu'une seule méprise du tien a failli enlever une fille à sa mère, une amie à son amie, veux-tu que j'ajoute un oncle à sa nièce ? et quel puissant motif pour une si terrible catastrophe ? parceque la plus aimable des filles n'a pu voir sans l'aimer l'homme de France le plus séduisant, que cet homme a le malheur d'être le frère de sa mère, et qu'elle n'a pas encore payé les soixante ou quatre-vingt mille livres qu'il faut envoyer à Rome pour avoir la permission d'aimer son oncle, en tout bien tout honneur, et qu'il faut absolument mourir en attendant les dispenses.

Dis-moi, Cécile, n'es-tu pas honteuse d'être si bête avec tant d'esprit, et ne voilà-t-il pas de fort belles raisons de la frayeur épouvantable que tu nous a faite! Je ne me donne pas, moi, pour une grande raisonneuse, bien que depuis six mois je sois devenue fort savante; mais je soutiens qu'une action, assez indifférente en elle-même pour devenir innocente à prix d'argent, ne pouvait être criminelle avant cette formalité. Plus je réfléchis sur ce que je vois, sur ce que j'entends, plus je trouve de contradictions dans ce monde; j'ai dans l'idée que je passerai ma vie à chercher à les concilier.

Maintenant que nous pouvons nous entendre, je te dirai que j'avais prévu ton penchant: le moyen d'échapper aux incroyables rapports qui vous attiraient l'un vers l'autre? Si tu crois ton bonheur intéressé à combattre ton amour, je t'offre mes secours, mes conseils; je moraliserai, si je m'en mêle, tout aussi bien qu'un autre; si tu n'es pas tout-à-fait un ange, je partagerai tes peines, tes dangers; mais si tu veux mourir, je me fâche.

Nous devons aller passer le temps des vendanges à Beaugency: près de deux mois sans voir Cécile! Tu vas croire qu'il y a là quelque réticence; eh bien! pour te donner l'exemple de la franchise, je t'avoucrai que j'ai fait sonner si haut les talents et le goût d'Albert pour la chasse, que mon père, le plus déterminé chasseur du pays, se propose, sans y entendre malice, d'engager madame de Clénord à nous l'envoyer pour une quinzaine de jours; voilà déja un grand palliatif contre l'absence ; un second plus puissant sur lequel je compte, c'est ton exactitude à m'écrire.

Adieu, bon ange; j'irai t'embrasser demain avant notre départ.

P. S. Sais-tu que la querelle du comte avec le vieux chevalier a failli devenir sanglante; ils se sont battus ce matin : les duels ne sont probablement plus, comme autrefois, *le jugement de Dieu;* autrement Dieu, cette fois, aurait jugé fort mal, puisque le pauvre chevalier a été désarmé par son adversaire. Heureusement cette affaire n'aura pas d'autre suite.

LETTRE XLII.

ANATOLE A CHARLES.

Beauvoir, 1786.

Tu me demandes quels efforts j'ai faits pour étouffer mon amour? quels combats j'ai soutenus? Je pourrais répondre par un volume, je me bornerai à quelques mots. J'ai rendu justice à cette raison supérieure qui a dicté ta lettre, et, dans l'ivresse de l'amour, j'ai pris conseil de l'amitié. Je connais ta justice, Charles, et lorsque tu me rends responsable de toutes mes actions, tu ne peux vouloir que je le sois de cette inévitable destinée dont le courant m'emporte en dépit de la résistance surnaturelle que je n'ai cessé de lui opposer. Les événements se sont pressés pendant les huit jours écoulés depuis ma dernière lettre, et par une fatalité dont la raison ne peut rendre compte, il n'en est aucun qui n'ait concouru à creuser l'abîme qui s'ouvre sous mes pas.

Lundi dernier Cécile descendit pour la première

fois au salon, où tu crois bien que la société devait être nombreuse; la vieille marquise de Saum..., madame de Cast....., sa fille, madame de Phil...., tous nos voisins à quatre lieues à la ronde se trouvaient au château ce jour-là; les uns jouaient, les autres faisaient de la musique; Pauline et Cécile, retirées dans l'embrasure d'une fenêtre, s'entretenaient bas, mais on lisait sur leur physionomie qu'elles agitaient un point bien important. Le comte de Montford vint me proposer une partie d'échecs; l'honnêteté exigeait que j'acceptasse : je jouai; j'avais la tête ailleurs, je perdis. Mon adversaire, qui m'avait entendu citer par M. d'Amercour pour le plus fort du pays, en conclut que ce titre lui était dû et fit sonner bien haut sa victoire. Je demandai ma revanche, il m'offrit un *cavalier;* j'insistai pour jouer à but, il sourit dédaigneusement; je lui proposai de jouer vingt-cinq louis la partie, il accepta. Cette petite altercation avait rassemblé autour de nous une galerie nombreuse qui voulut prendre part au sort des joueurs. Tous ceux qui avaient été témoins de la première partie parièrent en faveur du comte. M. d'Amercour seul pariait pour moi; Cécile et Pauline se joignirent à lui et prirent place à mes côtés : cette fois je jouai sans distraction. Cécile, à qui j'ai rendu ce jeu familier, suivait le mien avec tant d'intérêt qu'elle pâlit visiblement en s'apercevant de la marche d'une *tour* qui me faisait un double échec du *roi* et de la *dame;* mais le coup était prévu, et je rendis bientôt à ses joues leur aimable coloris, en interposant un *cavalier* de réserve entre mon *roi* et la *tour* de mon adversaire, et en découvrant un *fou* qui faisait mon homme échec et mat.

Tu aurais de la peine à te faire une idée de la confusion et du dépit du présomptueux Montford, en se voyant pris dans ses propres filets. Je lui proposai sa revanche et *la tour,* que je suis véritablement de force à lui rendre. Piqué de la proposition il me répondit d'un ton ironique qui m'expliquait sa pensée : « Je vous demande un plus grand avantage, c'est de permettre que mademoiselle s'éloigne » (en regardant Cécile). L'éclair d'indignation qui brilla dans mes yeux lui imposa silence; il ferma l'échiquier, mais je vis sur ses lèvres un sourire perfide qui m'avertit de mon indiscrétion. Le courrier va partir. Adieu, mon ami.

LETTRE XLIII.

LE MÊME AU MÊME.

Beauvoir, 1786.

Comment cet insolent Montford a-t-il découvert le secret de mon cœur? L'amour s'échappe-t-il à travers mes pores? est-il empreint sur mon front? s'exhale-t-il avec mon haleine? De quoi m'ont servi tous mes efforts, toutes les privations que je me suis imposées, si l'indifférence elle-même n'a pu s'y méprendre?... Charles, je te le dis avec effroi, mais avec l'assurance de la conviction, il n'est plus que cette alternative pour moi: Cécile ou la mort. Je te tromperais si je cherchais à te laisser un espoir que je n'ai plus. Tu me parles d'absence; c'est aussi la mort que tu proposes Un entretien, pour lequel j'aurais donné ma vie, que, par un courage au-dessus des forces humaines, j'avais évité depuis son rétablissement, que le hasard m'a forcé d'avoir, vient de détruire pour jamais la sécurité d'innocence dans laquelle se reposait mon cœur.

Dimanche dernier, ma sœur, voulant faire prendre l'air à sa fille qui n'était pas sortie depuis sa convalescence, proposa une promenade à Chambord: plusieurs personnes voulurent être de la partie; et comme les deux voitures dont on pouvait disposer ne suffisaient pas pour tout le monde, on parla de monter sur des ânes. Cette idée plaisante fut généralement accueillie, et tous les domestiques furent envoyés à la recherche d'une douzaine d'ânes dont nous avions besoin : le comte demanda la permission de monter à cheval, mais cette permission ne lui fut pas accordée. Dans un autre moment, j'aurais des détails extrêmement comiques à te donner sur notre cavalcade et sur quelques uns des écuyers, dont je n'étais pas le moins grotesque, le sort m'ayant pourvu d'un baudet d'une si petite taille, que j'étais obligé de retrousser mes jambes pour ne pas faire la route à pied.

Après quelques événements assez drôles qui nous tinrent en gaieté toute la route, nous arrivâmes au terme de notre promenade. Il y avait dans la société une dame anglaise et son mari, qui desiraient visiter le château; mais avant de satisfaire leur curiosité, l'appétit général, que l'exercice avait éveillé, fit songer à l'âne chargé de provisions. Je connaissais dans le parc immense qui entoure le bâtiment un lieu charmant; c'est une petite colline couronnée par des chênes contemporains de l'édifice, au bas de laquelle serpente une petite rivière formée par le concours des eaux qui s'échappent de son sommet. L'endroit fut trouvé délicieux; l'inconvénient de n'y pouvoir trouver place que par groupes de deux ou trois personnes n'empêcha pas d'y faire les préparatifs du repas champêtre après lequel chacun soupirait. Je présidais aux dispositions qu'exigeait l'emplacement. Le buffet fut dressé sur une espèce de plate-forme, et chaque société particulière s'arrangea comme elle put dans les environs; bien entendu que les plus gourmands s'emparèrent des places les plus voisines de l'office.

Comme il fallait mettre de l'ordre dans les distributions; Cécile et moi restâmes au buffet pour en faire les honneurs; et quand tout le monde fut servi, nous fûmes nous nicher dans une espèce de réduit sur la crête de la colline.

Le nombre des convives avait été mal calculé, nous n'avions pour nous deux qu'un couvert; qu'un couvert, Charles! Veux-tu te faire une idée de la mesure de bonheur dont la nature humaine est susceptible? figure-toi ton ami dans cette guérite de verdure, tout vis-à-vis, tout près d'elle, l'assiette sur ses genoux qui touchent aux miens, la même fourchette passant de sa bouche à la mienne, mes lèvres, mes heureuses lèvres imprimées sur le même verre, au même endroit qu'ont effleuré les siennes; c'est du poison, Charles, qu'il portait dans nos veines; un feu dévorant embrasait mon sein, nous ne mangions plus, nous ne parlions plus, nous respirions à peine; les larmes abondaient dans mes yeux, elles obscurcissaient les siens; sa main frémissait dans la mienne, nos cœurs s'enivraient d'amour.

Je ne sais combien de temps nous serions restés dans cette ravissante extase, si la visite de l'insupportable comte n'eût mis fin à cette situation dangereuse; n'ayant rien de mieux à faire en sa présence, nous achevâmes de dîner. Lorsque tout le monde en eut fait autant, nous prîmes le chemin du château : monsieur et madame Boyd (c'est le nom des étrangers), à qui l'on avait dit que j'avais quelques notions historiques sur les antiquités du lieu, me choisirent pour cicérone; et Cécile; qui ne perd jamais l'occasion de s'instruire, fut la seule de la société qui eut le courage de parcourir avec nous toutes les parties de ce vaste édifice : les autres, en nous attendant, allèrent rendre visite à un vieux valet de chambre du maréchal de Saxe, qui, depuis la mort de son maître (tu sais que le héros de Fontenoy mourut à Chambord), a conservé son logement au château.

En conduisant nos Anglais, je leur débitais ce que je savais d'anecdotes intéressantes sur ce monument d'architecture gothique et sur les personnages qui l'ont successivement habité. Je leur faisais remarquer sur une corniche de la façade orientale du corps de logis quadrangulaire la date de 1523, suivie de plusieurs lettres dont on ne distingue plus que les deux premières *Pr*; je leur expliquais que l'époque désignée par les chiffres était celle de la construction de l'édifice, et que les lettres qu'on y lisait encore étaient les premières du nom de Primatice, architecte de ce temps, sur les dessins duquel François Ier avait fait commencer ce bâtiment, continué par Serlio, sous Henri II.

Nous avions visité le rez-de-chaussée du corps de logis principal et les quatre tours dont il est flanqué, toujours parlant de François Ier, de Henri II, de Diane de Poitiers, d'Anne de Pisseleu, du célèbre Maurice, en un mot de tous les personnages dont ces lieux rappellent le souvenir : nous étions arrivés à la tour du centre, dans laquelle est pratiqué un escalier d'une structure très ingénieuse ; il est composé d'une double rampe dont les deux branches se croisent l'une sur l'autre, et dont la vis circule sur un noyau commun. Pour voir l'effet du mécanisme de cet escalier, nous avions pris, Cécile et moi, par une des rampes, tandis que nos Anglais montaient par l'autre. Il résulte de sa structure que l'on tourne constamment en vue les uns des autres, mais qu'on ne peut se rencontrer qu'en haut. Sur le côté que nous suivions, quelques marches rompues effrayèrent ma jeune compagne, qui ne voulut pas aller plus loin. Nous étions à-peu-près au milieu de l'escalier; et, pour rejoindre nos deux compagnons sans nous donner la peine de descendre, j'ouvris, après quelques efforts, une petite porte qui devait, selon moi, communiquer avec l'autre rampe : mais à mon grand étonnement, après avoir erré quelques moments dans des détours mal éclairés, nous nous trouvâmes dans une aile du bâtiment isolé de toute autre communication par la rupture du plancher des appartements voisins. Je me félicitai du hasard qui me conduisait dans cette partie de l'édifice qui ne m'était point connue.

Nous nous arrêtâmes à considérer une chambre où les recherches de l'art brillaient encore au milieu des ravages du temps : le jour sombre, qui pénétrait à peine à travers les vitraux coloriés, ajoutait à l'impression mélancolique dont nous nous trouvâmes saisis en entrant dans ce lieu. Cécile était appuyée sur mon bras, et regardait en silence; pour la tirer de cette méditation, à laquelle je craignais de me livrer moi-même : « Cet appartement, lui dis-je, était sans doute celui de la belle duchesse d'Étampes; voyez-vous son chiffre entrelacé de toutes parts avec celui de son royal amant? On dirait que le temps a pris soin de respecter ces monuments de leur amour. — Après trois siècles, répondit Cécile, ils nous disent encore qu'ils se sont aimés; malheur à ceux pour qui l'aveu d'un pareil sentiment est un crime ! L'avenir, le long avenir s'écoulera sur leur tombeau, sans oser prononcer leurs noms! — Ah! ma Cécile, répondis-je en la pressant doucement sur mon cœur, il consacrera les nôtres à l'éloge des plus tendres amants. — Et des plus malheureux, » reprit-elle en levant sur moi des yeux pleins d'une expression divine et laissant aller sa tête sur mon sein. Ce coup d'œil, cet abandon, le son de sa voix auquel la hauteur des voûtes donnait je ne sais quel accent prophétique, les débris sur lesquels nous marchions, les souvenirs qu'ils réveillaient, tout concourût à exalter mes sentiments, à égarer ma raison : je tombai aux genoux de Cécile ; et saisissant une de ses mains que je couvris de baisers et de larmes : « C'est trop d'efforts, lui dis-je, c'est trop long-temps comprimer les élans de mon cœur ; il s'est élancé vers toi, c'est lui qui me dicte l'irrévocable serment que je te fais d'exister pour toi seule sur la terre. — Je te crois, mon bien-aimé, répondit-elle en s'inclinant vers moi ; je vois en toi le présent, l'avenir, l'arbitre de ma vie, et je dévoue mon être à l'amour immortel que tu m'as inspiré. » En achevant ces mots, sa bouche, sa bouche adorée se fixa sur la mienne; que devins-je, ô mon ami! Je l'ignore; le froid de la mort, le feu du ciel, circulaient à-la-fois dans mes veines ; je tremblais, je souffrais, je brûlais, j'étais ivre: un transport insensé succède à cette fièvre violente ; j'enlève Cécile dans mes bras, j'ose porter une main sacrilége sur son chaste sein... L'excès de mon délire rappelle sa raison, l'effroi lui rend ses forces ; elle se dégage, et se précipitant hors de ce lieu fatal : « Fuyons, mon ami, s'écrie-t-elle ; ces voûtes vont s'écrouler sur nous. » La terreur dont elle est saisie, dont je suis frappé moi-même, ne me laisse de présence d'esprit que pour m'apercevoir du danger qui la menace ; Cécile, éperdue, hors d'elle-même, ne s'aperçoit pas que le plancher où elle court va manquer à ses pas : je m'élance, et je l'arrête sur les bords de l'abyme ; un moment plus tard, je n'avais plus qu'à m'y précipiter après elle.

La vue du péril auquel nous venions d'échapper, nous rendit à nous-mêmes, et Cécile ne vit plus dans mes yeux que l'expression de la crainte dont son action m'avait glacé ; le calme rentra dans son cœur ; en jetant un regard sur moi, ses yeux se remplirent de larmes ; en mesurant la profondeur du précipice, un sourire effleura ses lèvres ; à ce reproche muet et tendre je répondis en rougissant.

Nous marchions en silence, cherchant à regagner la petite porte de la tour ; la voix de M. Boyd, que notre absence avait alarmé, nous dirigea dans ce labyrinthe, et nous rejoignîmes nos compagnons auprès desquels je justifiai l'altération dont les traits de Cécile portaient encore l'empreinte, par une explication qui ne s'écartait pas entièrement de la vérité.

Tel est, mon ami, le récit d'un événement qui m'a conduit à une affreuse découverte; c'est que je ne puis rester auprès d'elle sans crime et que je ne puis m'en éloigner sans mourir. Depuis cette fatale promenade, je ne suis plus le même homme; l'occasion que je fuyais, je la cherche; le crime dont l'idée me faisait horreur est aujourd'hui l'espoir qui me fait vivre : semblable à l'insecte venimeux qui tourne en poison le suc de la fleur naissante, j'ai puisé sur les lèvres de l'innocence l'oubli de la vertu, le besoin d'un forfait. Quel conseil oseras-tu me donner? quel conseil pourrai-je suivre? aucun.... Ta présence même.... ne pourrait prévenir notre perte commune, qu'en me faisant mourir de honte.

LETTRE XLIV.

MADAME DE CLÉNORD A MADAME DE NEUVILLE.

Beauvoir, 1786.

Je ne trouve rien du tout d'impossible à ce que l'homme le plus sage s'attache à la femme la plus folle : nous en avons tant d'exemples sans compter celui du misanthrope Alceste! Pour mon compte et pour le tien, je desirerais que tu disses vrai, ma sœur, et que tu ne bornasses pas tes succès à ranger le philosophe au nombre de tes adorateurs. Je suis bien sûre qu'Anatole forme les mêmes vœux.

Tu n'as pas oublié que tu m'as promis de quitter Paris à ma première réquisition; en conséquence, je te requiers au nom de la petite communauté, et au mien en particulier, de faire tes dispositions pour être rendue à Beauvoir dans le délai de quinze jours à dater de la réception de cette lettre. Mon frère voulait même que je ne t'accordasse que la semaine, tant il lui tarde de t'embrasser et de revoir son cher Charles. Entre nous, je m'aperçois qu'il lui manque; notre société, celle de Cécile même avec laquelle il se plaisait tant, ne paraît plus lui suffire; sans nous aimer moins il vit plus retiré, son humeur devient plus sombre; nous sommes quelquefois des journées entières sans le voir à d'autre moment que celui des repas, et jamais il ne nous entretient que du retour de Charles. Je cherche à le distraire tant que je puis, et ce motif, autant que celui de ma fille, m'engage à saisir toutes les occasions d'amusements qui se présentent.

Avant-hier nous avons fait une partie à Chambord où nous nous sommes tous beaucoup amusés, et qui paraît avoir fait diversion à l'impatience de mon frère.

Souviens-toi que dans quinze jours il faut que je t'embrasse morte ou vive.

P. S. Le retour de M. de Clénord est retardé; il ne sera pas ici avant la fin de novembre.

LETTRE XLV.

CHARLES A ANATOLE.

Paris, 1786.

Un jeune ecclésiastique, avec lequel j'ai fait mes études à Rennes, privé d'un petit bénéfice qui le faisait vivre et tombé dans l'indigence, fut recueilli dans le château d'un vieux gentilhomme qui le chargea de l'éducation de sa fille unique. Il eut le malheur d'inspirer à son élève la passion la plus funeste et ne tarda pas à la partager. La raison, la probité, luttèrent quelque temps avec succès contre le penchant de son cœur, mais il employa ses forces à combattre l'amour, quand il fallait le fuir, et bientôt il n'en eut plus la volonté ni le courage. Ce qu'il devait à son bienfaiteur, à son caractère, aux droits les plus sacrés, tout fut oublié. Le malheureux jeune homme sortait de sa chambre vers le milieu de la nuit pour s'introduire dans celle de son écolière, qu'il avait fait consentir à ce premier rendez-vous : sur l'escalier il rencontre le père de son élève qu'il croyait endormi. Le vieillard l'embrasse, lui remet une lettre et va se coucher. Impatient de savoir ce que ce papier contient, il s'approche d'une lampe qui brûlait encore dans le corridor, et trouve le brevet d'une place de sous-précepteur des pages du comte d'Artois, qui venait de lui être accordée à la sollicitation de l'homme dont il allait déshonorer la fille. La lecture de cet écrit réveille pour un moment dans son cœur le sentiment du devoir et de l'honneur, et lui découvre toute l'étendue de son crime; mais enivré d'amour il hésite, et le peu de raison qu'il conserve l'avertit que dans un moment il n'hésitera plus. Également incapable de supporter l'idée de la honte éternelle dont il va se couvrir, et de renoncer au bonheur qui l'attend, il prend conseil d'un noble désespoir, rentre dans sa chambre et se fait sauter la cervelle.

LETTRE XLVI.

CÉCILE A PAULINE.

Beauvoir, 1786.

Ce n'est que dans ton sein, ma chère Pauline, que je puis épancher mon ame ; ce n'est qu'à toi que je puis parler de lui.... Ton indulgente amitié accueille mes soupirs et ne les repousse pas sur mon cœur : je ne crains pas de rougir devant toi.... Je ne crains pas de te laisser voir le déplorable état où je suis réduite. C'en est fait, mon amie, l'amour, l'amour le plus coupable s'est emparé de mon être ; chaque jour, chaque heure, chaque moment ajoute à mes maux, ajoute à mon désespoir : je vois l'abyme, je le vois, et j'y cours ; je connais, je chéris mes devoirs, et je ne puis les remplir ; j'assiége les autels pour obtenir de Dieu le pardon de mon erreur, mais je n'ose lui demander d'en tarir la source : je craindrais d'être exaucée. Enfin je suis arrivée, Pauline, à ce dernier terme de l'égarement, que je refuserais de recouvrer ma première innocence au prix de cet amour, le crime et le charme de ma vie. Depuis ton absence, le mal qui me tue a fait des progrès affreux, et s'est aggravé par tous les remèdes dont j'ai voulu le combattre : tous mes efforts, tous les siens, ont tourné contre nous, et maintenant nous ne voulons plus guérir. Quand je te parle de mon penchant funeste, pourquoi n'osé-je pas en nommer l'objet? Pourquoi ma plume craint-elle de tracer son nom? C'est que le nommer c'est prononcer mon arrêt. Il est donc vrai que je l'aime.... qui?... le frère de ta mère, ton oncle, malheureuse..., et je ne meurs pas de honte, de remords! Ah! j'ai voulu mourir quand il restait encore quelque vertu dans mon cœur ; maintenant je ne le veux plus, je veux vivre, vivre pour Anatole, vivre pour l'aimer, vivre pour en être aimée. Tu m'offres tes conseils, Pauline, pour étouffer ce sentiment dénaturé. Pour l'étouffer, il faudrait qu'il n'eût pas éteint en moi tout courage; qu'il n'eût pas subjugué toutes mes affections, toutes mes volontés, qu'il ne fût pas plus nécessaire à ma vie que l'air que je respire, plus puissant sur mon être que le Dieu qui m'a créée; il faudrait que je n'eusse pas mis en lui tout mon bonheur, tout mon avenir. Point de conseils, mon amie, ils sont inutiles, ce sont des reproches que je mérite, ce sont des consolations dont j'ai besoin, et c'est de la seule amitié que j'en puis attendre. Aie pitié de moi, je suis bien à plaindre! je veille dans les remords, je m'endors sur mes larmes, et je n'ose plus embrasser ma mère....

Tu n'éprouveras jamais ce supplice affreux, ma jeune et vertueuse amie; tu peux regarder ton amant en serrant ton père dans tes bras, tu peux nommer Albert devant lui, l'amour dans ton cœur ne fait pas rougir la nature; cet horrible droit m'était réservé.

Il manquait à mon supplice d'apprendre le retour de mon père. Il arrive le mois prochain pour me présenter le comte en qualité d'époux; mille fois la mort!....

LETTRE XLVII.

PAULINE A CÉCILE.

Beaugency, 1786.

Tu ne veux pas de conseils, je vais t'en donner; tu veux des reproches, et je ne t'en ferai pas, car il me semblerait tout aussi juste de gronder quelqu'un parcequ'il s'est laissé frapper d'un coup de tonnerre. Je te le répète, de toute éternité cet homme avait été créé pour toi; si c'est ton oncle, c'est la faute de ton grand-père et c'est au pape à la réparer. Il faut beaucoup d'argent pour cela! Eh bien! nous en trouverons; je serai riche, je serai majeure un jour.... et le saint-père nous donnera des *dispenses*, ou il dira pourquoi. Tout ce que je voudrais de toi maintenant c'est que tu ne perdisses pas la tête; c'est que la crainte de l'avenir ne t'aveuglât pas sur le présent.

Si j'avais été ma maîtresse, je serais partie pour te joindre après la lecture de ta dernière lettre qui m'a glacée d'effroi. Tu te perds, ma Cécile, par la seule raison que tu te crois perdue; ne vois-tu pas que l'amour se fait une arme de ton découragement; arme plus dangereuse, plus prompte que ne pourrait être l'espoir le plus flatteur? Je t'en conjure, ma plus tendre, mon unique amie, prends un peu de courage, ose fixer les yeux sur toi, sur ta situation; elle n'est que difficile : un pas de plus, et tu la rends désespérée. Tant que Cécile conservera sa propre estime, qu'un sentiment né à son insu n'a pu lui faire perdre, elle restera maîtresse de sa destinée, et tout ce qui l'entoure finira par respecter un penchant que l'on sera forcé de croire vertueux, puisqu'il aura pris naissance dans le cœur de Cécile. Mais si l'amour l'avilissait jamais à ses propres yeux, si, victime d'un égarement funeste, elle armait à-la-fois contre elle les devoirs et les préjugés, c'est alors qu'elle pourrait connaître les remords, puisqu'elle aurait détruit son bonheur et celui des personnes qui lui sont les plus chères. Pardonne-moi, mon amie, d'oser arrêter ta pensée sur cette effrayante supposition et de l'avoir conçue en lisant ta lettre; mais je n'ai pas voulu perdre la seule occasion que tu m'aies jamais offerte et que tu m'offriras jamais, de te trouver l'apparence d'un tort, dussé-je en avoir un de plus avec toi, et c'est de bien bon cœur que j'en conviendrai.

Sans les inquiétudes que tu me causes, je m'amuserais beaucoup à.... J'y suis avec Albert, et nous y parlons sans cesse de toi; mon père, qui l'emmène tous les matins à la chasse et qui ne revient que pour dîner, s'imagine que Diane vole à Psyché la moitié des journées de l'Amour; mais, entre nous, il arrive souvent que mon jeune chasseur laisse son compagnon courir les bois et revient me faire hommage du gibier qu'il n'a pas tué. Il en est quitte pour un petit mensonge; il fait croire à mon père qu'il s'est égaré à la poursuite de quelque lièvre, et pour rendre la chose plus probable, il a soin de montrer sa carnassière remplie...... par les soins d'un garde-chasse.

Le projet de ton père n'a d'effrayant que la peur qu'il t'inspire, et tant que tu n'auras d'autre tort à ses yeux que de ne pas vouloir de son impertinent Montford, il faudra bien qu'il le souffre patiemment, tout impérieux, tout sévère, qu'il est. J'ai reçu hier des nouvelles du couvent; elles sont bien tristes. *Ma chère dame* m'écrit que notre pauvre Adine est morte quinze jours après avoir pononcé ses vœux. Il est donc vrai que la religion ne guérit pas les blessures de l'amour!!!... A qui donc avoir recours contre lui puisque Dieu n'y peut rien? M. Albert, qui s'avise souvent d'être indiscret, a lu cette dernière, cette *seule phrase* par-dessus mon épaule, et c'est lui qui ajoute : *A l'espérance.*

» Je ne sais pourquoi j'attends une lettre de toi avec une impatience, avec une inquiétude que je n'ai jamais éprouvée. Dis à ton cher Anatole que j'ai pour lui le cœur d'une niéce; d'une niéce, Cécile, mais non pas de la sienne. Avant d'écrire cette folie, je me suis bien assurée, pour deux raisons, que mon étourdi n'était plus là, et je profite de son absence pour fermer ma lettre. Bonsoir, ma tendre amie, je te presse en idée contre mon cœur.

LETTRE XLVIII.

CÉCILE A PAULINE.

Beauvoir, 1786; deux heures du matin.

Je ne t'écrirai plus.... je n'en suis plus digne..... Je suis perdue, avilie, coupable envers la religion, envers la nature, envers la société ; le sceau de l'opprobre est à jamais sur mon front; méprise-moi, Pauline; mais ne me plains pas, car je suis heureuse....... heureuse au sein du crime !..... Ce crime n'est pas le mien seul, un autre le partage ; et quand j'adore mon complice, il faut bien que j'aime le forfait qui nous unit. Je me fais justice, je renonce à l'estime des autres, je renonce à ton amitié même; ce sacrifice est le seul qui coûte à mon amour !.....

Je reçois ta lettre; tes pressentiments m'avaient jugée; ta prédiction est accomplie; je suis dévouée à des remords éternels; mais ce sacrifice, tout horrible qu'il est, ne compense pas le coupable bonheur que je trouve dans mon offense. Cet aveu met le comble à l'horreur que je dois t'inspirer, et mettra sans doute un terme à ta pitié pour une malheureuse qui, dépouillée de toutes vertus, ne cherche pas même à s'en faire une du repentir. Adine est morte ! et je vis ! !

LETTRE XLIX.

ANATOLE A CHARLES.

Beauvoir, 1786.

Je ne préparerai pas ton cœur au coup affreux que je vais lui porter. Tout est dit.... elle est à moi ! à moi !! te dis-je, et ce mot n'est pas écrit avec mon sang !.... Dois-je poursuivre ? voudras-tu m'entendre ? et quand de mon propre aveu j'ai violé tout ce qu'il y a de sacré sur la terre, qu'y a-t-il encore de commun entre nous ?.... Tu as été mon ami, Charles, sois aujourd'hui mon juge ; mais en prononçant mon arrêt, ne confonds pas, je t'en conjure, avec ma faute personnelle, un crime dont le destin seul est responsable. Je t'entends me répondre que ta dernière lettre m'enlève cette excuse ; qu'il fallait y lire mon devoir, et opposer la mort à l'ascendant de ma destinée. Si, par un reste de confiance dans nos forces unies, par une suite

LETTRE XLIX.

de l'aveuglement déplorable où j'étais, où je suis plongé par attachement pour la vie que mon amour me rend si chère; si, par tous ces motifs réunis, je n'ai pas eu le courage de concevoir moi-même l'idée d'un honorable suicide, j'avais encore, n'en doute pas, celui d'accomplir, en l'exécutant, ce dernier vœu de l'amitié. Le passé peut à cet égard me servir de garant; j'ai pu vouloir la quitter mourante; il était plus facile de mourir que de la quitter; mais l'irrévocable arrêt était porté; ta lettre seule pouvait en prévenir l'exécution; tu vas apprendre par quelle fatalité elle est devenue l'instrument de ma perte.

L'événement de Chambord, dont je t'ai rendu compte, avait étouffé dans mon ame tout sentiment étranger à mon fatal amour. Cécile seule existait pour moi dans la nature, et la certitude des plus affreux supplices, de l'éternité des vengeances célestes, n'aurait pu distraire mon idée du bonheur dont je me composais l'image. Je la cherchais le jour; entouré, la nuit, de quelques uns de ses vêtements que je dérobais en secret, j'en habillais mon fantôme adoré; ma brûlante imagination lui prêtait la vie, le sommeil ne me surprenait au milieu de mon délire que pour le combler dans mes rêves: l'occasion seule manquait à la réalité. Telle était ma situation lundi matin quand je reçus ta lettre: il en jaillit un trait de lumière; toutes les puissances de la vertu, de l'honneur, s'élevèrent à-la-fois dans mon ame, et j'embrassai l'idée de la mort, comme le malheureux qui se noie saisit la planche hospitalière. Un seul obstacle m'arrêtait encore; il fallait éviter que le coup dont j'allais me frapper n'entraînât Cécile dans ma chute; il fallait ménager le cœur de ma sœur et de mon père.

La nuit fut employée à prendre les mesures que je crus propres à prévenir ces malheurs. Je confiais à tes soins l'exécution ultérieure de mon plan, qu'il est désormais inutile de te communiquer.

Mes lettres écrites, le jour commençait à poindre; je quittai ma chambre. En passant devant celle de Cécile, une sueur froide se répandit sur tout mon corps, mes genoux chancelaient; je profitai du peu de forces qui me restaient encore pour m'éloigner d'un lieu où je laissais déja la moitié de ma vie.

Je crois t'avoir dit dans une de mes lettres que j'avais dérobé à ma sœur la clef des souterrains consacrés à la sépulture de mes ancêtres maternels; j'y avais marqué ma place. Je traverse le parc à grands pas, muni de mes pistolets; je descends dans le fossé, et je me prépare à allumer le flambeau qui doit me guider dans ce lieu funèbre. Quelle est ma surprise! la porte de la voûte est ouverte. J'avance doucement sous la galerie souterraine; je crois entendre quelque bruit, j'approche en tremblant : à la lueur d'une lampe allumée dans le caveau principal, je crois voir l'ombre de Cécile appuyée sur la tombe de ma mère, les cheveux épars, les yeux tournés vers moi. Mes cheveux se dressent sur ma tête, mon sang se glace, je reste immobile. « Ne vous effrayez pas, Anatole, me dit Cécile (c'était elle-même) avec un sourire dédaigneux : vous ne m'attendiez pas à *ce rendez-vous;* mais il faut un témoin pour le sacrifice héroïque que vous venez consommer, et je veux l'être. » Je voulus prendre la parole : « Ne cherchez pas à me tromper, ajouta-t-elle; j'ai été instruite de votre dessein le jour où vous avez pris la clef de ce caveau dans la chambre de ma mère; j'ai épié vos démarches, je connais l'usage de cette arme que vous cachez, et je veux bien vous épargner les reproches que je suis en droit de vous faire... Le temps est précieux : vous venez ici pour mourir, et non pour répondre à mes plaintes; je ne vous envierai pas un bien dont je connais le prix, mais je le partagerai du moins avec vous. — Oh! ma Cécile, m'écriai-je en me prosternant à ses pieds; écoute, je t'en supplie, le dernier vœu de l'amour au désespoir. — Je ne vous écoute point, interrompit-elle en pleurant; vous avez voulu me tromper. — Je ne veux rien que t'aimer et te le

prouver à tous les moments de la vie. — Vous m'aimez, Anatole, et vous venez ici, seul, chercher le trépas! vous avez dû croire que je ne vous survivrais pas; pourquoi donc empoisonner ma mort? et, si vous avez pu me supposer assez de force et de courage pour ne pas vous suivre au tombeau, que vous ai-je fait pour me condamner après vous au supplice de la vie? Mais ce projet cruel, vous ne l'avez pas conçu; voilà votre excuse : j'en ai suspendu l'exécution; voilà mon espoir. Maintenant écoutez-moi (ajouta-t-elle en me faisant asseoir près d'elle sur une des marches du tombeau): depuis un mois, chaque jour je devance ici l'aurore; je viens sur la tombe de votre mère évoquer son ombre chérie, et lui demander d'obtenir de la bonté divine le pardon d'un crime que sa toute-puissance ne saurait faire cesser qu'avec ma vie. Plus généreuse que vous, je n'avais point encore réclamé le droit de disposer des jours dont je vous ai fait l'arbitre; mais votre résolution a décidé la mienne : le même motif nous réunit dans ce séjour, un même sort nous y attend... Si tu veux, Anatole, continua-t-elle, nous n'en sortirons jamais. Tu vois cet espace étroit (en me montrant une espèce de fosse creusée à quelque distance de nous), il suffit pour nous deux, et j'y peux trouver dans tes bras le doux sommeil de l'éternité.
— Non, Cécile, m'écriai-je, non, tu ne mourras pas;

trop de liens, trop de devoirs, te retiennent au monde; trop de destinées sont attachées à la tienne, je t'en conjure, ma bien-aimée, au nom de ta mère, qui peut-être en ce moment rêve au bonheur de sa fille, laisse-moi le maître de terminer mon sort; il est trop heureux, puisque, au moment de te quitter pour jamais, il m'est encore permis de te dire combien je t'aime... Cécile, ma chère Cécile, ajoutai-je en baignant ses mains de mes larmes, il est temps que je meure. L'amitié, l'honneur, l'amour même, demandent le sacrifice de ma vie, et tous exigent que tu conserves la tienne. — Je ne vous demande pas, reprit Cécile avec calme et dédain, de justifier un raisonnement absurde, et de m'expliquer en quoi nos devoirs sont différents, quand notre position est la même; quels droits vous avez de plus que moi de disposer de vos jours?... Laissons les discours superflus; jure, par l'ombre de ta mère qui préside à notre entretien, que tu n'attenteras pas à tes jours, ou je la prends moi-même à témoin (continua-t-elle en s'éloignant de moi, et approchant de sa bouche un flacon qu'elle tira de son sein), que je fais en ce moment même couler ce poison dans mes veines. — Je jure de vivre pour toi, m'écriai-je, effrayé de son action et du désespoir dont tous ses traits portaient l'empreinte; et, si je manque à mon serment, puisse ma cendre ne jamais reposer dans cette enceinte sacrée! » Cécile, à ces mots, se jette dans mes bras; nous tombons à genoux sur la tombe, et nous confondons nos soupirs et nos larmes. Mais bientôt effrayé des mouvements qui se passent en moi, des transports que j'éprouve: «Sortons, lui dis-je en la pressant contre mon sein, sortons de cet asile funèbre. — Il est fait pour nous, reprit Cécile; c'est parmi les morts qu'il nous convient de vivre... Je ne suis bien qu'ici; mon ame embrasée a besoin du froid des tombeaux... » En parlant, elle s'attachait plus fortement à moi; ses larmes coulaient sur ma joue, sa respiration brûlante effleurait mes lèvres; je ne me connaissais plus, Charles! la sainteté du lieu, les images funèbres, cette horreur ténébreuse qui nous environnait, loin d'affaiblir mes transports, semblaient en nourrir l'ardeur; ma raison se perdit entièrement; je me sentis seul avec l'amour: « Viens, Cécile, lui dis-je en la soulevant d'un bras égaré, viens sur cet autel de mort recevoir les serments de l'amour. — Cet amour est un crime sur la terre; mais ici nous ne sommes plus dans le domaine des hommes. » Que te dirai-je, Charles? Cécile, éperdue, prosternée sur la tombe maternelle, embrassant d'une main l'urne cinéraire, ne fut pas un objet sacré pour moi: le délire qui m'égarait s'empara de ses sens; nos bouches unirent nos ames confondues; l'inceste et le sacrilége furent consommés...

Ce moment d'éternelle félicité, d'éternels remords, fut immédiatement suivi d'un événement aussi simple dans sa cause qu'épouvantable dans ses effets. A peine l'amour avait-il ouvert sous nos pas un abyme de délices et de malheurs, que la lampe dont ces voûtes étaient éclairées s'éteignit avec un bruit extraordinaire et nous laissa plongés dans les ténèbres les plus profondes. Cécile jette un cri lamentable et reste sans vie dans mes bras; j'ai peine à ne pas succomber moi-même à la terreur dont je suis atteint : mon imagination frappée s'entoure de spectres, de fantômes. Je prends Cécile dans mes bras, je marche au hasard, croyant me diriger vers l'issue du souterrain; tout-à-coup la terre s'ouvre sous mes pas et je me trouve enseveli avec mon précieux fardeau. Tout ce que le corps peut éprouver de sensations convulsives, tout ce que le cerveau peut enfanter d'images épouvantables, se réunit sur ce moment de mon existence; je me crus abymé dans les entrailles de la terre. Insensiblement la réflexion commençant à dissiper ces affreux prestiges, je me rappelai où j'étais, et, quittant pour un moment Cécile, je sortis de la fosse où nous étions tombés, et je parvins en tâtonnant à retrouver l'entrée de la voûte. Je me souvins alors du phosphore que j'avais apporté avec moi; j'allumai mon flambeau et je rentrai dans le souterrain où je trouvai Cécile étendue sans connaissance dans cette même fosse qu'un moment auparavant elle m'avait montrée, en me disant : *Elle suffit pour nous deux.* Je m'approche, elle était pâle, froide, ses yeux étaient fermés, sa bouche entr'ouverte et décolorée n'avait plus d'haleine; ma main tremblante cherchait en vain sur son cœur la preuve d'un reste de vie; je la crus morte. Peins-toi mon désespoir, peins-toi ma fureur; j'allais, je venais, je la pressais dans mes bras, je l'appelais, n'osant aller chercher des secours, n'osant la transporter dehors en cet état. Sur le point de me faire sauter la cervelle, j'aperçois près de la porte un large vase de marbre rempli de cette eau que la piété consacre; j'en laisse tomber quelques gouttes sur ses lèvres, j'en humecte ses yeux, ses tempes. Bonheur inespéré! cette fraîcheur salutaire a ranimé ses esprits; sa poitrine s'élève, ses yeux s'entr'ouvrent; avant qu'elle ait entièrement repris ses sens, je m'empresse de l'arracher à ce séjour de ténèbres; l'air frais du matin achève de la rendre à la vie, au repentir, et à l'amour.

Cécile en revenant à la vie, en recueillant ses idées, revit avec effroi la lumière : « C'est à présent qu'il faut mourir, dit-elle en cachant sa céleste figure dans mon sein. Dieu nous pardonnera, mon cher Anatole; les hommes, jamais. »

Mes prières, mes larmes, et cette idée que le ciel m'inspira, apaisèrent les premiers transports de sa douleur :

« Cécile, lui dis-je en nous éloignant de la voûte sépulcrale, l'espoir de mourir ensemble est aussi cher à mon cœur qu'au tien ; mais si l'amour nous a trompés en nous conservant la vie, peut-être il nous trompe encore en nous conseillant de la quitter. Prenons l'amitié pour arbitre ; consultons sur le parti qui nous reste à suivre celui qui n'a jamais mis l'existence, le bonheur même en balance avec le devoir, et jusqu'à ce que Charles ait prononcé sur notre sort, félicitons-nous, ô la bien-aimée de mon ame, d'avoir vécu un moment pour l'amour ! »

C'est avec le consentement et sous les yeux de Cécile que j'écris cette lettre ; elle sait que son secret ne sort pas de mon cœur quand je le dépose dans le tien, et puisque tu ne peux plus séparer nos intérêts, elle te pardonne le conseil que tu m'as donné en faveur de celui qu'elle attend. Tu ne me demandais, pour me sauver l'honneur, qu'une vie tourmentée par le supplice des desirs ; je t'offre aujourd'hui, pour le réparer, des jours embellis par la félicité suprême, des jours comptés par Cécile : crois-moi, ce sacrifice ne peut être apprécié que par nous sur la terre, et l'offre seule de le consommer (je le dis avec un sentiment d'orgueil qui ne devrait plus m'être permis) est plus inouï que l'offense même. Il est des hommes assez vertueux pour préférer la mort à la faute que j'ai commise! mais coupable, il n'en est aucun qui voulût mourir.

FIN DU TOME PREMIER.

TABLE.

Préface.................................. Page 3
Lettre I. Cécile de Clénord à Pauline d'Amercour... 41
 II. Anatole de Césane au chevalier Charles d'Épival....................... 45
 III. Le même au même................. 48
 IV. Pauline d'Amercour à Cécile de Clénord . 51
 V. Madame de Clénord à madame de Neuville......................... 54
 VI. Anatole de Césane à Charles d'Épival.... 58
 VII. Charles à Anatole.................. 62
 VIII. Madame de Clénord à madame de Neuville......................... 64
 IX. Anatole de Césane à Charles d'Épival... 76
 X. Madame de Clénord à madame de Neuville......................... 81
 XI. Cécile à Pauline 92
 XII. Charles à Anatole.................. 99
 XIII. Anatole à Charles................. 106
 XIV. Pauline à Cécile 113
 XV. Madame de Neuville à madame de Clénord......................... 136
 XVI. Charles à Anatole................. 142
 XVII. Anatole à Charles................. 145

LETTRE XVIII. Le même au même................ 154
　　　XIX. Cécile à Pauline.................... 166
　　　XX. Charles à Anatole................... 170
　　　XXI. Le comte de Montford au duc de...... 175
　　　XXII. Pauline à Cécile................... 179
　　　XXIII. Madame de Clénord à madame de Neu-
　　　　　ville........................... 184
　　　XXIV. Charles à Anatole.................. 192
　　　XXV. Anatole à Charles................... 200
　　　XXVI. Madame de Clénord à madame de Neu-
　　　　　ville........................... 202
　　　XXVII. Anatole à Charles................. 206
　　　XXVIII. Madame de Clénord à madame de
　　　　　Neuville........................ 209
　　　XXIX. Charles à Anatole.................. 213
　　　XXX. Cécile à Anatole.................... 216
　　　XXXI. Anatole à Cécile................... 222
　　　XXXII. Madame de Clénord à madame de
　　　　　Neuville........................ 228
　　　XXXIII. Madame de Neuville à madame de
　　　　　Clénord......................... 240
　　　XXXIV. La même à la même................ 245
　　　XXXV. Madame de Clénord à madame de
　　　　　Neuville........................ 251
　　　XXXVI. Anatole à Charles d'Épival........ 254
　　　XXXVII. Le même au même 258
　　　XXXVIII. Charles à Anatole.............. 264
　　　XXXIX. Le même au même................. 272
　　　XL. Madame de Neuville à madame de Clé-
　　　　　nord............................ 275
　　　XLI. Pauline à Cécile.................... 277

Lettre XLII. Anatole à Charles............ Page 283
XLIII. Le même au même................. 286
XLIV. Madame de Clénord à madame de Neuville...................... 295
XLV. Charles à Anatole................. 297
XLVI. Cécile à Pauline................. 299
XLVII. Pauline à Cécile................. 302
XLVIII. Cécile à Pauline................. 306
XLIX. Anatole à Charles................. 308

FIN DE LA TABLE.

www.ingramcontent.com/pod-product-compliance
Lightning Source LLC
Chambersburg PA
CBHW071330150426
43191CB00007B/686